100 COISAS QUE MILIONÁRIOS FAZEM

Nigel Cumberland

100
COISAS QUE MILIONÁRIOS FAZEM

Tradução
Ivar Panazzolo Junior

Copyright © 2019, Nigel Cumberland
Título original: 100 Things Millionaires Do
Publicado originalmente em inglês por Nicholas Brealey Publishing
Tradução para Língua Portuguesa © 2021, Ivar Panazzolo Junior
Todos os direitos reservados à Astral Cultural e protegidos pela Lei 9.610, de 19.2.1998. É proibida a reprodução total ou parcial sem a expressa anuência da editora. Este livro foi revisado segundo o Novo Acordo Ortográfico da Língua Portuguesa.

Produção editorial Aline Santos, Bárbara Gatti, Jaqueline Lopes, Mariana Rodrigueiro, Natália Ortega e Renan Oliveira
Preparação Audrya Oliveira
Revisão Letícia Nakamura
Capa Aline Santos
Foto do autor Arquivo pessoal

Dados Internacionais de Catalogação na Publicação (CIP)
Angélica Ilacqua CRB-8/7057

C975c
    Cumberland, Nigel
       100 coisas que milionários fazem : como reprogramar a mente e se planejar para enriquecer / Nigel Cumberland ; tradução de Ivar Panazzolo Junior. — Bauru, SP : Astral Cultural, 2021.
       256 p.

       ISBN 978-65-5566-104-0
       Título original: 100 Things Millionaires Do

       1. Autoajuda 2. Negócios 3. Finanças I. Título II. Panazzollo Junior, Ivar

21-2340   CDD: 158.1

Índices para catálogo sistemático:
1. Autoajuda - Finanças

 ASTRAL CULTURAL EDITORA LTDA.

BAURU
Avenida Duque de Caxias, 11-70
8º andar
Vila Altinópolis
CEP 17012-151
Telefone: (14) 3879-3877

SÃO PAULO
Rua Major Quedinho, 111
Cj. 1910, 19º andar
Centro Histórico
CEP 01050-904
Telefone: (11) 3048-2900

E-mail: contato@astralcultural.com.br

Dedico este livro ao meu filho Zeb e a todos aqueles
que trabalham para criar uma vida única e significativa,
repleta de sonhos realizados com sucesso.

"Ninguém pode construir a ponte para que você cruze o rio da vida; ninguém além de você mesmo. Há, é claro, inúmeros caminhos, pontes e semideuses que podem levá-lo até a outra margem, mas sempre incorrendo em um grande custo pessoal; você vende a si mesmo e perde. Há, no mundo, somente um caminho que ninguém pode trilhar, exceto você. Aonde esse caminho leva? Não pergunte, apenas siga por ele."

Friedrich Nietzsche

SUMÁRIO

1. Por que você quer ser rico? 17
2. O que a riqueza significa para você? 20
3. Quanta riqueza você quer ter? 23
4. Você merece 25
5. Tenha objetivos claros e um plano 27
6. Se parece bom demais para ser verdade... 29
7. Riqueza não garante a felicidade 31
8. O que você está esperando? 33
9. Acompanhe os gastos com uma previsão orçamentária ...35
10. A maioria dos milionários começa sem nada 38
11. A determinação é o seu superpoder financeiro 40
12. Amigos podem ser uma bênção ou uma maldição 42
13. Pare de perder dinheiro com besteiras 44
14. Poupe antes de gastar 46
15. Prepare-se para fazer uma jornada solitária 48
16. Domine a arte de vender 50
17. Crie sua própria visão sobre dívidas 53
18. Seja um funcionário incrível 56
19. Tenha cuidado com dinheiro vivo 58
20. Arregace as mangas 60
21. Fatos são amigos 62
22. Seja você mesmo 64
23. Sua reputação é tudo 66
24. Alavanque seu dinheiro com sabedoria 68
25. Nada de erguer bandeiras brancas 70
26. Não se apegue 72
27. Doe para, então, receber 74
28. Juros compostos são mágicos 76
29. Uma renda previsível lhe traz paz 79
30. Pague dívidas improdutivas 82

31. Não aposte..84
32. Não pegue dinheiro emprestado com pessoas próximas..86
33. Assuma alguns riscos.....................................88
34. Cuidado com oscilações da moeda................90
35. Mantenha o controle......................................93
36. Não conte com os ovos antes de a galinha botar............95
37. Construa pontes...97
38. Invista em tijolos e argamassa.....................99
39. Vem fácil, vai fácil.......................................102
40. Demonstre gratidão.....................................104
41. Limpe seu passado.......................................106
42. Transforme o fracasso no seu melhor amigo............108
43. Crie sua própria sorte..................................110
44. Fique de olho no seu balanço patrimonial............112
45. Mantenha sua integridade intacta.............115
46. Se não estiver quebrado................................117
47. Veículos usados são um investimento inteligente............119
48. Estufe o peito e sorria..................................121
49. Evite deixar seu dinheiro travado.............123
50. Renda passiva é liberdade..........................125
51. Seja um expert apaixonado........................127
52. Não faça parte do rebanho..........................129
53. Ótimos conselhos têm seu custo................131
54. Há hora e lugar para tudo...........................134
55. Dificuldades no curto prazo para ter ganhos no longo prazo............137
56. Prefira ter experiências em vez de coisas............140
57. Não se deixe abalar por situações ruins............143
58. Invista em coisas de que você gosta.........146
59. Trabalhe de maneira inteligente................148
60. Você está prestando atenção?.....................150
61. Nada de trapacear nos impostos................152
62. Saiba a hora de pedir demissão do seu emprego............154
63. Cuidado com os "custos do padrão de vida"............156
64. Entenda de números....................................158
65. Estruture seu otimismo...............................160
66. Busque valor...162
67. Abra sua própria empresa...........................165

68. Abrace a tecnologia 167
69. Prepare-se para momentos do tipo "cisne negro" 170
70. Empregue outras pessoas para realizar seus sonhos 172
71. Confie em seu instinto 174
72. O passado não prediz o futuro 176
73. Saiba as consequências das suas escolhas 178
74. Busque ajuda de mentores 180
75. *Timing* é tudo 183
76. Tenha um estilo de vida saudável 186
77. Não é o fim do mundo 188
78. Leia os termos e condições 190
79. Guarde seus ovos em várias cestas 192
80. Corte suas perdas 194
81. Invista de maneira sustentável 196
82. Nunca é tarde demais para começar 198
83. Prepare-se para enfrentar tempestades 201
84. Entenda ou caia fora 203
85. Não seja uma lebre 205
86. Explore portos seguros com cuidado 207
87. Reacenda a sua curiosidade infantil 209
88. Cultive a sua riqueza em um mundo vica 211
89. Seja expert em negociação 214
90. Concentre-se no seu QE, não no QI 216
91. Mantenha sua documentação em ordem 219
92. Seja discreto com sua riqueza 221
93. Não culpe os outros pelas suas perdas 223
94. Faça uma verificação anual da sua riqueza 225
95. Passe adiante suas dicas sobre finanças 227
96. Não é preciso se afobar; estamos em uma maratona 229
97. Durma tranquilamente à noite 231
98. Planeje-se para o fim 234
99. Prepare-se para viver além dos cem anos 237
100. Tudo valeu a pena? 239
     Posfácio 241
     Bibliografia 242

INTRODUÇÃO

"Receba antes de gastar. Pense antes de investir.
Persista antes de desistir. Economize antes de se aposentar.
Doe antes de morrer."

O que significa "sucesso financeiro" para você? O quanto é importante ser rico?

Considerar-se uma pessoa bem-sucedida financeiramente depende de um mix de suas necessidades pessoais — objetivos, sonhos e despesas básicas — com necessidades, sonhos e objetivos das pessoas importantes em sua vida.

Você provavelmente escolheu este livro porque deseja criar riqueza. Assim, vamos fracionar a questão e pensar sobre o significado do conceito. Você quer:

- Comprar uma casa e pagar o financiamento o mais rápido possível?
- Estabelecer uma renda com base em investimentos e demitir-se do seu emprego?
- Criar uma reserva suficientemente grande para custear a melhor educação possível para os seus filhos?
- Bancar um estilo de vida dos sonhos, como ser músico ou chefe de cozinha?
- Construir um portfólio de imóveis e viver da renda dos aluguéis?
- Pagar suas dívidas?
- Possuir uma boa quantidade de ações, participações e investimentos financeiros para viver dos dividendos?

- Comprar um belo carro esportivo?
- Sentir-se financeiramente seguro?
- Criar uma fundação para contribuir com a sociedade?
- Deixar uma boa herança para os seus filhos?

Eu orientei centenas de indivíduos e escutei praticamente todo sonho financeiro que você é capaz de imaginar. Já ouvi todos os desafios e as dificuldades enfrentados quando se está tentando criar riqueza.

Uma coisa é certa: muitas pessoas passam tempo demais economizando muito pouco e consumindo demais. Até mesmo pessoas que, pelo menos no papel, deveriam ser muito ricas, estão vivendo com dívidas. Você raramente vai encontrar alguém capaz de anunciar com confiança: "Eu alcancei meus objetivos financeiros e criei riqueza suficiente".

Assim, esta é a sua oportunidade de se sentar e pensar sobre os seus objetivos de vida, os sonhos e os desejos não realizados, e perguntar a si mesmo como quer viver e passar o restante do seu tempo neste planeta maravilhoso. Esta é a sua chance de mapear seus pré-requisitos financeiros, explorar quem e o que o motiva e descobrir o que está disposto a fazer na busca pelos seus sonhos financeiros.

Este livro é o seu guia. No decorrer de cem capítulos concisos, você vai aprender a encontrar sentido nas peças que precisa encaixar para alcançar os seus sonhos financeiros. Vamos explorar o que a riqueza significa para você por meio dos seguintes tópicos:
- Objetivos e sonhos;
- Mentalidade e comportamento;
- Relacionamentos e pessoas;
- Prazos e cronogramas;
- Tipos de riqueza;
- Práticas de investimentos;
- Sucesso e obstáculos;
- Trabalho e aposentadoria;
- Ajuda e doação.

Como usar este livro

Cada capítulo apresenta uma nova ideia que vai ajudar você a chegar mais perto dos seus objetivos. Essas ideias são apresentadas e explicadas na primeira página; a segunda página traz exercícios e atividades, pequenas e grandes, que você pode começar a fazer hoje mesmo.

Não deixe de fazer as atividades. As tarefas que tem a cumprir foram criadas especificamente para ajustar sua mentalidade, seus hábitos, suas habilidades, seus relacionamentos e seu networking necessários para maximizar suas chances de sucesso. Algumas delas vão surpreendê-lo, outras vão desafiá-lo e tem as que ainda vão parecer simples e óbvias. Todas são importantes para construir o portfólio de habilidades de que você precisa para criar riqueza. Completá-las vai colocar você no caminho para desenvolver uma mentalidade de sucesso financeiro e uma lista de coisas a fazer focada em riqueza. Essas coisas não são fáceis de se alcançar e poucos indivíduos fazem tudo de maneira consciente ou intencional. Mas as pessoas financeiramente bem-sucedidas as fazem.

Você vai encontrar muitas atividades para fazer agora e atividades para mais para frente, dependendo das suas metas e da sua situação financeira. Se uma ideia ou atividade não for adequada ao que estiver acontecendo com você agora, deixe-a de lado e retome-a posteriormente.

Quem sou eu para falar de sucesso?

Este livro se inspira na sabedoria que adquiri depois de atuar como coach e mentor de pessoas por todo o mundo com todos os tipos de sonhos financeiros e circunstâncias pessoais, de CEOs endinheirados a empreendedores que lutavam para manter as portas abertas; de investidores em tempo integral a profissionais recém-formados que ainda estavam dando os primeiros passos em suas carreiras. Todas essas pessoas têm algo a compartilhar na jornada para criar riqueza.

As experiências delas se combinam com a minha própria sabedoria adquirida ao longo de cinquenta anos neste planeta e, somente depois de passar por altos e baixos financeiros incríveis e lições profissionais, eu aprendi a:

- Investir nas minhas próprias habilidades financeiras para me tornar um dos associados do Instituto Nacional de Contabilistas e Administradores do Reino Unido;
- Esforçar-me para me tornar diretor financeiro regional de uma empresa entre as FTSE100[1] com apenas 26 anos;
- Investir grandes somas em uma variedade de startups — algumas das quais fracassaram dramaticamente enquanto outras tive-

---

1 Indicador que reúne dados de ações de 100 grandes empresas na Bolsa de Valores de Londres.

ram sucesso —, assim como vender uma empresa de recrutamento na Ásia para a maior companhia de recrutamento no Reino Unido, a Hays PLC, em 2006;

• Construir uma empresa de desenvolvimento imobiliário em paralelo com minha esposa, reformando imóveis em vários locais e investindo neles;

• Criar uma renda recorrente, incluindo royalties, com os livros que publiquei;

• E, mais importante, aprendi a ter um relacionamento significativo com a riqueza. Ela existe para me dar uma vida plena e com propósito, e para possibilitar que eu ajude outras pessoas a alcançarem o mesmo sucesso.

Com todo o meu trabalho e experiência, elenquei as cem coisas mais essenciais que você precisa fazer para alcançar o sucesso financeiro e criar uma vida gratificante e enriquecedora para si mesmo, para as pessoas à sua volta e para o mundo como um todo.

Boa sorte em sua busca por sucesso e independência financeira. Espero que todos os conselhos deste livro o ajudem a criar a vida que você realmente merece.

01

POR QUE VOCÊ QUER SER RICO?

*"É hora de decidir o que você
quer da vida."*

Qual foi sua motivação para ler este livro? Você quer ser milionário ou quer apenas parar de se preocupar com dinheiro?

Pode não parecer importante, mas, a menos que realmente compreenda a sua motivação, você não vai conseguir estabelecer metas claras para o seu futuro financeiro.

Durante a minha atividade como coach, ouvi praticamente todos os motivos imagináveis para angariar riqueza:

- "Não quero que meus filhos passem pela mesma situação de pobreza em que eu vivi quando era jovem";
- "Quero escapar das dificuldades diárias de viver de salário em salário";
- "Quero ter mais dinheiro do que meus irmãos";
- "Quero ter mais sucesso do que os meus amigos que frequentaram a universidade";
- "Tenho uma lista de necessidades e objetivos futuros e preciso de dinheiro para pagar por elas";
- "Quero ser rico o suficiente para poder distribuir a riqueza para outras pessoas";
- "Acredito que a riqueza ajuda a pessoa a se sentir valorizada e autoconfiante";
- "Tenho muitas dívidas a pagar e quero fazer parte do mercado imobiliário".

Suas razões serão pessoais para o seu caso. Elas podem ter aparecido nesta lista ou ser completamente diferentes; não há certo ou errado. Toda motivação é tão válida quanto qualquer outra. Mas, qualquer que seja a sua razão para construir riqueza, não importa o quanto seja trivial, egoísta ou insignificante, é importante conhecê-la para que você possa ser honesto sobre o que lhe motiva e influencia.

A alternativa é arriscar-se a passar pela vida sem saber em que concentrar sua atenção.

> Ganhar dinheiro apenas pelo dinheiro em si não tem significado algum. Descubra o que a construção da riqueza verdadeiramente significa para você.

ENTRE EM AÇÃO

Descubra quais são suas razões para querer criar riqueza
Pegue uma folha de papel grande e crie um mapa mental — uma lista interconectada com todas as razões possíveis pelas quais você quer ser mais rico do que é hoje.

Para ajudá-lo a completar essa lista, pense em como responderia às seguintes perguntas:

- Quais sonhos e desejos não realizados você tem?
- Que tipo de vida quer ter daqui a dez, vinte ou trinta anos?
- De que maneira a sua vida, hoje, é confortável? E de que maneira ela apresenta dificuldades financeiras?
- Você está se comparando a outras pessoas? Se inspira em alguém em particular?
- Está tentando evitar alguma coisa, como as dificuldades financeiras que seus pais ou amigos enfrentam, por exemplo?

Reserve um momento em busca de refletir e criar a sua lista, e volte a ela quando novos pensamentos e insights surgirem.

Quais são as razões que vão motivá-lo a agir?
Quando sua lista estiver pronta, é hora de revisá-la e identificar os motivos mais importantes para você. Seja honesto quando fizer isso; você estará identificando valores importantes e terá de se sentir confortável com o que permite atuar como fonte de motivação.

Se tiver dificuldade de se concentrar no que é mais importante, tente encarar a situação por meio de uma perspectiva diferente. Algumas das suas razões lhe causam desconforto? Você consegue eliminar algo que lhe pareça negativo ou nocivo, em que a razão esteja sendo motivada mais pelo ego do que pelo o que realmente importa para você?

Converse com seus amigos e entes queridos

Faça uma verificação sobre a sensatez das suas ideias ao escutar o que os demais têm a dizer ou faça o exercício com outras pessoas. Os motivos delas vão quase certamente lhe causar surpresa e lhe dar mais elementos sobre os quais pensar.

02

O QUE A RIQUEZA
SIGNIFICA PARA VOCÊ?

*"A riqueza possibilita que você tenha a vida
que sempre desejou."*

Ao pensar sobre ser rico, que tipos de pensamentos e sensações vêm à sua mente? Você imagina alguma espécie de estado de graça em que o estresse do dia a dia simplesmente desaparece por milagre e é livre para viver seus sonhos?

Na minha experiência, isso é com frequência o que as pessoas imaginam sobre a vida com riqueza, até pararem de verdade para pensar no assunto. Frequentemente, há preocupações surpreendentes que fervilham logo abaixo da superfície.

Dê uma olhada nas listas a seguir que, novamente, foram retiradas de conversas reais durante minhas sessões de coaching.

Primeira impressão típica sobre ser rico	Reação típica mais profunda
"Vou poder viver a vida dos meus sonhos."	"Tenho medo do que eu realmente faria."
"Vou ter liberdade para ser eu mesmo."	"Vou perder minha identidade."
"Vou poder ostentar minha riqueza."	"As outras pessoas vão sentir inveja."
"Vou poder fazer tudo o que quiser."	"Vou me sentir sobrecarregado."

"Todo mundo vai ser meu amigo."	"Outras pessoas vão querer o meu dinheiro."
"Qualquer coisa vai ser possível."	"Não faria ideia por onde começar."
"Nunca mais vou ter ataques de pânico relacionados a dinheiro."	"Não confio em mim para tomar conta de dinheiro."
"Finalmente, vou ser feliz."	"Eu não mereço."

Quase todo mundo é capaz de inventar razões maravilhosas e significativas para querer ser rico, mas , ao analisar a situação com cuidado, a primeira impressão pode se transformar logo em uma mistura de sentimentos positivos e negativos.

É perfeitamente natural que uma mudança tão forte na vida provoque uma mistura de sentimentos que vão desde esperança e alegria até preocupação e medo. O importante é que você trabalhe toda a sua gama de respostas a fim de garantir que não haja nada em segundo plano que o impeça de seguir em frente.

> Não há problemas se não tiver certeza sobre como a riqueza vai influenciar sua maneira de pensar e sentir.

ENTRE EM AÇÃO

Seja honesto consigo mesmo

Faça um exercício de associação de palavras, de preferência em uma folha de papel. Escreva cada uma das frases abaixo, seguindo a ordem:

- Ganhar dinheiro;
- Acumular riqueza;
- Administrar e cuidar da minha riqueza;
- Ser rico.

De que maneiras elas produzem pensamentos e sentimentos positivos e estimulantes em você? Ou elas trazem consigo preocupações, assim como pensamentos e sentimentos negativos? Escreva no papel todas as palavras e expressões associadas.

Reflita sobre o que escreveu. Não fique surpreso ou constrangido por nenhum dos seus pensamentos. É uma característica humana ficar empolgado e positivo, ao mesmo tempo que nos sentimos preocupados e perplexos. Você provavelmente vai sentir uma mescla de ansiedade e sentimentos maravilhosos.

As ideias positivas que você descrever podem energizá-lo e motivá-lo. Por isso, mantenha-as por perto e retorne a elas regularmente durante esta jornada para ajudá-lo a permanecer concentrado em seu objetivo.

Você deve explorar quaisquer preocupações, medos ou perplexidades que identificar. Investigue cada uma delas conforme progredir neste livro.

03

QUANTA RIQUEZA VOCÊ QUER TER?

*"O mundo está abarrotado de riquezas.
Cabe a você ir até lá e pegar sua parte."*

Quando você estará suficientemente rico? Essa é a pergunta de um milhão de dólares. Ou a pergunta de 2,4 milhões de dólares, para ser mais exato. Em 2017, a empresa de serviços financeiros Charles Schwab entrevistou mil americanos com idades entre 21 e 75 anos e descobriu que os participantes da pesquisa queriam ter 1,4 milhão de dólares para se sentirem financeiramente confortáveis e 2,4 milhões para se considerarem ricos. Em outra pesquisa feita no mesmo ano pelo site comparativo de salários emolument.com, o trabalhador britânico médio, com idade entre 20 e 29 anos, disse que se sentiria rico se ganhasse 93 mil libras por ano. Para trabalhadores mais velhos, o valor subia para 370 mil libras anuais. Esses números variam de acordo com o país, refletindo custos de vida diferentes. A mesma pesquisa revelou que trabalhadores na Índia se consideram ricos quando ganham o equivalente a 25 mil libras por ano.

Talvez você já tenha adivinhado. Não existe resposta única para o que significa ser rico. O importante é o que riqueza significa para você e qual é a sua meta financeira.

> Saber quanto dinheiro vai satisfazê-lo é uma decisão pessoal.

ENTRE EM AÇÃO

Estabeleça uma meta

Eu sempre adorei a ideia descrita em *Alice no País das Maravilhas*, em que, se você não sabe qual é o seu destino, então qualquer estrada serve. Se trabalhar duro, economizar e investir sua renda, você provavelmente vai ter mais dinheiro do que tem hoje. Mas aonde você vai chegar? Vai alcançar um conforto financeiro que seja o bastante para se aposentar, viajar pelo mundo, doar para suas instituições beneficentes favoritas e ajudar seus filhos?

Para saber com certeza sobre a vida com a qual você sonha, é essencial ter pelo menos uma ideia aproximada de quanta riqueza você precisa criar. Faça isso refletindo sobre o que quer financiar, comprar e manter como reserva.

- Quais são as coisas principais pelas quais você precisa pagar? Exemplos podem incluir uma casa, cursos universitários para os seus filhos, um fundo para despesas médicas ou se programar para viajar todos os anos.
- Você quer alcançar um certo nível de renda anual — renda que venha de investimentos e patrimônio em vez de um emprego convencional?
- Você tem uma meta financeira geral, como as pessoas que responderam à pesquisa da Charles Schwab?

Não se preocupe se não conseguir chegar a um valor exato. Eu também tenho dificuldades. Em vez disso, estabeleci uma meta para mim mesmo de simplesmente garantir que a minha riqueza aumente a cada ano e sentir que eu posso viver das minhas rendas sem precisar liquidar nenhum dos meus investimentos.

Converse com um consultor financeiro

Pode ser uma boa ideia explorar essas possibilidades com um contabilista ou consultor financeiro independente. Usando planilhas do Excel ou plataformas on-line, um profissional pode ajudá-lo a mapear seus requisitos financeiros e estimar quanta riqueza você precisa acumular no decorrer de um prazo específico.

04

VOCÊ MERECE

"Peça ao Universo o que você precisa.
Se realmente acreditar que é seu, você receberá."

Não importa se acredita que terá sucesso ou que vai fracassar — você sempre vai ter razão. Confiar em si mesmo é a chave para o desenrolar da sua vida. De maneira simples, você alcança aquilo que acredita que vai conquistar.

Muitas pessoas têm dificuldade para lidar com a própria vida e com o dinheiro e não conseguem encontrar uma saída para a situação em que estão. Elas param de acreditar que qualquer outro resultado é possível. E, para piorar ainda mais as coisas, temos a tendência de sermos nossos críticos mais mordazes. Sinto vontade de chorar quando ouço histórias sobre:

- O músico talentoso que não acredita ser capaz de alcançar o sucesso na indústria fonográfica e tem dificuldade para pagar as contas, trabalhando em empregos comuns;
- O banqueiro com um alto cargo que sabota a própria carreira, pensando que não é digno do cargo que tem.

Há um ditado que diz que o único lugar em que os sonhos são impossíveis é na sua própria cabeça. Para ficar rico, você precisa acreditar que merece ser rico.

Aprenda e pratique os hábitos necessários para acreditar em si mesmo, então poderá montar alicerces sólidos para construir a riqueza que você almeja.

> O mundo está cheio de pessoas que "quase chegaram ao sucesso" e que "podiam ter tido sucesso", que foram traídas pelas dúvidas nutridas sobre si mesmas.

ENTRE EM AÇÃO

Seja honesto consigo mesmo

Não é o bastante apenas querer ser rico e ter uma meta financeira em mente. A essa altura, você provavelmente já descobriu que seus sentimentos em relação à riqueza podem incluir dúvidas sobre si mesmo, descrença e até medo. Esses sentimentos negativos precisam ser enfrentados, pois, se forem ignorados, podem crescer e fazer com que seus planos desmoronem.

Conversar com outras pessoas pode ajudá-lo a lidar com a sua voz interna. Abra-se e converse sobre suas dúvidas com outra pessoa. Permita-se compreender e verificar a sensatez da sua maneira de pensar. Ao conversar com alguém, você provavelmente vai descobrir que suas ansiedades são completamente normais. Afinal de contas, você está saindo da sua zona de conforto e embarcando em uma missão para construir riqueza. É muito natural sentir medo e ter preocupações.

Procure ajuda e apoio

Se tiver dificuldades para superar suas dúvidas e perceber que não consegue acreditar no próprio potencial, procure um coach ou um terapeuta especializado em terapia cognitivo-comportamental (TCC). Eu usei a TCC no meu trabalho durante muitos anos e é uma ferramenta muito eficaz para mudar os padrões de comportamento e pensamento que causam sentimentos e crenças negativas. Conforme esses padrões mudam, por sua vez, muda-se aquilo que você sente.

Esse tipo de terapia pode ser completado em um período relativamente curto, por meio de uma série de sessões individuais.

05

TENHA OBJETIVOS CLAROS
E UM PLANO

"Toda conquista digna de nota começa como um simples objetivo — uma meta que se transforma em um plano de ação específico."

A criação de riqueza não acontece por acaso; ter um planejamento é fundamental.

Em uma pesquisa de 2012, conduzida pela empresa de administração de patrimônio Legg Mason, 77% dos investidores disseram que poupam e investem com objetivos específicos em mente. Se você não é o tipo de pessoa que elabora religiosamente listas de atividades, é preciso começar a fazer isso.

Seguir o fluxo e ver o que acontece não é uma opção viável. Você vai acabar gastando toda a sua energia em tarefas e também com pessoas que não vão aproximá-lo dos seus objetivos. Detalhes e planos vão se tornar seus novos amigos.

Planejar é uma decisão racional. Uma escolha consciente de estruturar como você usa seu tempo, energia e outros recursos. É um processo de esquadrinhar cada centímetro, de garantir que pensou em todos os detalhes.

Sempre há espaço para golpes inesperados de sorte, mas isso tende a acontecer com mais frequência quando se está estruturado e adota uma mentalidade planejadora.

> O sucesso financeiro pode vir de uma maneira aleatória e sem planejamento. Você pode ganhar na loteria, mas até mesmo uma pessoa que ganha na loteria precisa de um plano para impedir que a riqueza escorra pelos seus dedos e desapareça.

ENTRE EM AÇÃO

O planejamento começa com metas detalhadas
Pense outra vez sobre os seus objetivos financeiros. Podem ser sonhos aparentemente inalcançáveis, tais como "quero ter um milhão de dólares na poupança", "quero me aposentar ainda jovem" ou "quero ter um conjunto de imóveis". Não há problema, são seus primeiros rascunhos.

Transforme-os em objetivos mais detalhados e específicos usando a metodologia SMART. Para cada meta, pergunte a si mesmo se ela é:
- Suficientemente clara e específica;
- Mensurável, de modo que você vai saber quando ela for alcançada;
- Alcançável (e, se não for, o que você pode fazer para torná-la alcançável);
- Realista e relevante às circunstâncias da sua vida;
- Temporalmente definida, com uma data-limite clara para que seja alcançada.

Coloque suas respostas no papel. Agora você já pode reescrever suas metas como planos detalhados. O objetivo vago de "ter um conjunto de imóveis" pode ficar assim, após a aplicação da metodologia SMART:

Meu objetivo imobiliário
- Criar um portfólio de imóveis no valor de um milhão de dólares;
- No decorrer dos próximos cinco anos;
- Com a compra de vários pequenos imóveis para ganhar com o aluguel;
- Em cidade universitária;
- Fazendo financiamentos para comprá-lo;
- Usando minhas economias para fazer aportes iniciais.

Use o chapéu do gerente de projetos
Você pode criar planos mais detalhados para cada meta SMART, subdividindo tarefas em objetivos trimestrais ou mensais. Você pode criar cronogramas (como diagramas de Gantt) para esquematizar as tarefas e atividades que precisa executar, tipicamente por semana ou por mês.

06

SE PARECE BOM DEMAIS
PARA SER VERDADE...

*"Tome cuidado com atalhos. Eles podem
levá-lo a becos sem saída."*

Quando o assunto é dinheiro, se a proposta parecer boa demais para ser verdade, provavelmente seja esse o caso. Não existe uma poção mágica ou atalho para criar riqueza.

Com quase todos os aspectos das nossas vidas sob demanda, nós acabamos ficando impacientes. E a impaciência nos deixa mais suscetíveis a mensagens do tipo "invista e dobre seu capital". Picaretagens como essa são bem comuns:

- Esquemas de Ponzi ou de pirâmide, em que você recebe a promessa de ganhos ou lucros incríveis, da ordem de 10-20% ao ano. Mas você mal percebe que a única coisa que paga esses ganhos é o dinheiro dos novos investidores. Não há nenhum investimento real acontecendo;
- Pedidos do tipo "Ajude-me a receber minha herança", em que você recebe um e-mail ou então um telefonema de alguém que pede sua ajuda. Essa pessoa em questão herdou milhões e só precisa que você lhe dê algum dinheiro para que ela possa pagar as tarifas;
- Qualquer outro tipo de oportunidade "incrível", tal como investir em uma mina de ouro ou na nova invenção de uma startup.

Não importa o quanto os argumentos sejam convincentes — inclusive, às vezes os argumentos até que são muito convincentes —, tenha cuidado com qualquer oferta de investimento sem risco com retorno garantido, dinheiro fácil ou uma afirmação do tipo "não tem como dar errado." Pode dar errado e provavelmente é isso que vai acontecer.

> Se a proposta parecer boa demais para ser verdade,
> provavelmente seja esse o caso.

ENTRE EM AÇÃO

Evite agir motivado por desespero ou ganância

Não importa o quão desesperadamente você queira mudar sua situação financeira, nunca entre de cabeça em investimentos escusos ou questionáveis. A ganância pode facilmente sobrepujar seu bom senso e virar sua cabeça com a promessa de ganhos rápidos ou retornos enormes e garantidos sobre o investimento. Aprenda a parar e refletir. Por maior que seja a pressão para investir agora, espere alguns dias para decidir.

Se estiver em dúvida, peça ajuda

Tente trabalhar somente por meio de bancos ou outras assessorias financeiras reconhecidas. Nunca confie em estranhos que entram em contato com você por meio de telefonemas não solicitados ou e-mails de *spam*. Se disserem que são do banco em que você tem conta, desligue o telefone e ligue em seguida para a agência para se certificar.

As autoridades financeiras de todos os países se preocupam com fraudes e geralmente têm uma página na internet que oferece conselhos e um número telefônico para ajudar pessoas receosas que possam ser ou que tenham sido vítimas de esquemas fraudulentos. Ligue para esses números antes de fazer qualquer transferência.

Além do risco de perder seu dinheiro para fraudadores ou criminosos, investir em esquemas duvidosos pode fazer com que você seja acusado de quebrar a lei intencionalmente, agindo de maneira antiética. Vamos aprender melhor sobre isso mais à frente.

07

RIQUEZA NÃO GARANTE FELICIDADE

"A verdadeira riqueza é uma vida de abundância feita de momentos, experiências e relacionamentos gratificantes."

Ter mais dinheiro é equivalente a ter mais felicidade, pelo menos quando você começa por meio de poucos recursos. Isso foi confirmado por pesquisadores da Universidade de Purdue, que fizeram um enorme levantamento com 1,7 milhão de pessoas em 64 países, com resultados divulgados na renomada revista científica internacional *Nature*. A pesquisa concluiu que as pessoas são mais felizes quando ganham de 75 mil a 95 mil dólares por ano.

Mas, quando você ficar mais rico, não se surpreenda se a melhora na sua conta bancária não o fizer mais se sentir tão feliz. O estudo na *Nature*, que se correlaciona com outras pesquisas, descobriu que a satisfação das pessoas com a vida e o bem-estar diminuía quando sua renda passava de 95 mil dólares anuais. Isso causa uma certa surpresa, dado que temos constantemente a impressão de que pessoas ricas têm vidas mais incríveis do que as nossas. Há pelo menos três razões pelas quais mais riqueza não se correlaciona com maior felicidade:

- Mais dinheiro é igual a mais estresse. Quanto mais você tem, mais você tem que administrar, lembrar-se e proteger. E, conforme vai ficando mais rico, outras pessoas podem tratá-lo de maneira diferente, querendo mais de você;
- Mais dinheiro leva a comparações com outras pessoas, o que com frequência leva a sentimentos de inveja e ciúme. Às vezes, é melhor simplesmente não subir na esteira em primeiro lugar;
- Mais dinheiro significa que você vai se cansar com mais rapidez das coisas que adquirir. Poder comprar um carro esportivo novo

ou tirar férias em seu próprio chalé em uma estação de esqui vai deixar você feliz, mas todas as evidências sugerem que a felicidade diminui assim que você se acostuma às coisas materiais ou às experiências. Os economistas chamam isso de "a esteira hedonista".

> Não há problema se você tiver dificuldade em acreditar que o dinheiro não é a fonte da felicidade.

ENTRE EM AÇÃO

Em primeiro lugar, identifique o que lhe traz felicidade
Antes de ter ou de gastar sua riqueza, identifique os aspectos da sua vida que lhe trazem felicidade ou realização. Alguns exemplos:
- Estar com certas pessoas, tais como familiares, amigos, vizinhos ou colegas de trabalho;
- Ajudar pessoas que precisam;
- Desenvolver um trabalho pago que seja relevante para a sociedade;
- Ter tempo livre repleto de atividades, hobbies e passatempos;
- Passar seu tempo em lugares e ambientes específicos.

Concentre a sua riqueza nas fontes da sua felicidade
O segredo para ser rico e feliz é garantir que, conforme sua riqueza aumenta, você invista em atividades que lhe trazem realização e alegria. Investir em atividades de qualidade com a família, na educação dos seus filhos, em trabalhos beneficentes, em uma carreira significativa ou em viagens maravilhosas alinha o seu crescimento financeiro com um propósito mais profundo.

Se "ostentar sua riqueza" é algo que lhe deixa feliz, cuidado
Se ter mais sucesso financeiro do que outras pessoas lhe causa euforia e o leva a comprar coisas e experiências apenas por vaidade e para poder ostentá-las, parece que o seu ego é quem está impulsionando suas ações e comportamentos. Não há benefício e não há nada de importante a ganhar quando a felicidade e a realização advêm unicamente por ser rico e/ou mais rico do que as outras pessoas. Cuidado para não acabar como Ebenezer Scrooge na história *Um Conto de Natal*, de Dickens.

08

O QUE VOCÊ ESTÁ ESPERANDO?

"A única maneira de dirigir um carro é girar a chave na ignição e soltar o freio de mão."

Ficar rico é algo que leva tempo e, quanto mais você demorar, mais difícil vai ser. Se você sempre deixa passar oportunidades de investimento ou se a sua resposta típica ao planejamento financeiro é adiá-la para mais tarde, você não está sozinho. Gastar dinheiro é divertido e planejar não gastá-lo não chega nem aos pés dessa sensação. Pelo menos, não à primeira vista.

Este é um erro enorme — não entrar no jogo logo nos primeiros momentos provavelmente é o obstáculo que mais prejudica as pessoas em sua busca pelo sucesso financeiro.

Há muitas boas razões para não investir de imediato:
- O dinheiro está curto e a prioridade é fazê-lo chegar até o fim do mês;
- Você não compreende por completo a oportunidade;
- Você não tem tempo de traçar planos para o longo prazo;
- Você é jovem demais para se preocupar com o futuro;
- Você tem medo do desconhecido.

Quando se trata de dinheiro, às vezes decidir não fazer nada é a atitude certa; mas, outras vezes, demorar para agir significa perder grandes oportunidades. Em resumo, quanto mais cedo começar a fazer seu dinheiro trabalhar para você, seja por meio de poupança, compra e venda de ações ou aquisição de imóveis, mais rápido você vai alcançar a sua meta de riqueza.

> Quanto mais cedo começar a construir a sua riqueza, mais perto estará de alcançar o seu objetivo.

ENTRE EM AÇÃO

Descubra o que está impedindo o seu progresso
O que o impede de se comprometer totalmente a construir sua fortuna?
Reflita sobre como você toma decisões financeiras. Existe algum padrão
por trás da sua falta de ação?

- Você tem dificuldade de sair do presente e pensar no futuro?
- Você tem receio de sair da sua zona de conforto e pisar em
território desconhecido?
- Você tem aversão a riscos?

Se não for agora, então quando?
Frequentemente, há boas razões para adiar as coisas — afinal, ganhar
dinheiro envolve assumir riscos. Os conselhos deste livro vão ajudá-lo
a fazer escolhas com sabedoria, avaliando riscos *versus* oportunidades
para que consiga encontrar o momento correto.

Se a questão for mais a relutância da sua parte ou se você estiver
simplesmente muito confuso, sobrecarregado pelo trabalho ou receoso
em agir, talvez possa se beneficiar de algum tempo com um coach.

Faça algo hoje mesmo
Se estiver adiando a elaboração de um plano financeiro ou até mesmo de
assumir um compromisso mais sério, como comprar seu primeiro imóvel
para investimento, elabore uma lista de informações de que você precisa
e as tarefas a cumprir. Subdividir suas metas em tarefas menores e mais
fáceis de implementar é uma maneira brilhante de começar.

09

ACOMPANHE OS GASTOS COM UMA PREVISÃO ORÇAMENTÁRIA

"Um orçamento ajuda a ver de onde o seu dinheiro vem e para onde ele vai."

Pode ser difícil acompanhar os seus gastos pessoais. Com alguns pagamentos no cartão de crédito e outros feitos diretamente no débito em conta, pode ser que você nunca veja uma lista única de todas as suas despesas.

Talvez ajude saber que você não é a única pessoa que não monitora e planeja os gastos da sua casa. Uma pesquisa de 2013, do instituto Gallup, descobriu que 32% dos americanos fazem alguma espécie de orçamento doméstico. Isso representa uma quantidade muito grande de pessoas que não faz ideia se vai ter dinheiro o bastante no fim de cada mês para pagar as contas, e menos ainda se vai sobrar algum dinheiro também. Se não estiver com tudo na ponta do lápis, você corre o risco de gastar mais do que deveria.

De acordo com os dados da Agência Nacional de Estatísticas do Reino Unido, as famílias britânicas, em 2017, pela primeira vez em trinta anos, gastaram mais do que receberam como renda. A diferença média foi de novecentas libras.

Aposto que maioria das famílias nem fazia ideia.

Ignorar os gastos mensais significa simplesmente adiar as más notícias e, pior do que isso: manter-se no escuro em relação à sua situação financeira significa que você nunca vai estar em posição de construir riqueza.

> Criar um plano e uma previsão de gastos é um bom investimento de tempo.

ENTRE EM AÇÃO

Acompanhe de perto o fluxo real do seu dinheiro

Embora esteja lendo este livro, talvez você não pense em si mesmo como uma pessoa boa de cálculos. Mas isso está prestes a mudar. É aqui que você construirá os alicerces da sua futura fortuna. Você vai começar a manter uma listagem do fluxo do seu dinheiro.

Não há regras para isso, então faça as coisas da maneira que se sentir mais confortável:

- No papel, à moda antiga;
- Em uma planilha do Excel. Se você não for fã de criar tabelas do Excel com fórmulas diferentes, há planilhas pré-elaboradas disponíveis gratuitamente para download na internet que com certeza irão ajudar;
- Por meio de um aplicativo de orçamento doméstico. O seu banco pode ter um aplicativo disponível ou, então, você pode encontrar exemplos em sites especializados. Existe uma série de opções que podem ajudá-lo. Um bom aplicativo é como uma planilha do Excel; você insere seus gastos e cria totais mensais e anuais;
- Alguns bancos criam automaticamente extratos das suas despesas com cartões de crédito e débito por área, como comida, viagens e roupas. O perigo disso é que você pode se esquecer de lançar despesas em dinheiro vivo ou gastos feitos com outros cartões que você tiver.

Crie uma previsão do que quer gastar e de quanto quer ganhar

Ferramentas para gerenciar orçamentos domésticos podem também incluir previsões, de modo que você consiga estimar suas futuras entradas e saídas de renda. Sua renda pode incluir seu salário mensal, o bônus ou abono anual, dividendos recebidos e qualquer outro ganho que queira receber. Sua previsão de despesas é aquilo em que você planeja gastar com cada categoria específica, tais como comida, roupas, férias, contas, despesas com o carro etc.

Para elaborar um orçamento abrangente, você deve estimar todos os seus gastos, incluindo até mesmo o dinheiro que separar para investir em planos de poupança.

Você pode fazer isso no começo do ano ou no começo de cada trimestre. Assim, vai poder comparar suas entradas e saídas de renda, e comprá-las com a previsão inicial para começar a compreender as razões para quaisquer lacunas ou diferenças.

Construa os alicerces da sua fortuna e assuma o controle das suas finanças.

10

A MAIORIA DOS MILIONÁRIOS COMEÇA SEM NADA

"Uma carteira vazia nunca é problema para pessoas de sucesso. A falta de ambição e uma mentalidade vazia são problemas para as outras."

De acordo com uma pesquisa feita pela Fidelity Investments, um dos maiores grupos de serviços financeiros do mundo, 86% dos milionários criaram sua própria riqueza. Em outras palavras, isso significa que quase nove em cada dez pessoas ricas não herdaram seu dinheiro: elas começaram sem nada e, em muitos casos, vieram de situações de pobreza extrema. J. K. Rowling não tinha dinheiro algum quando escreveu a série *Harry Potter*. Em seu discurso para as turmas de Harvard em 2008, ela falou sobre a gravidade da sua situação: estava desempregada, sem dinheiro e percebendo que a única coisa que a separava de viver nas ruas era o fato de ainda ter um teto sob o qual morar.

História de pessoas pobres que enriquecem são mais comuns do que você imagina. Na próxima vez que se sentir mal por não ter nenhuma reserva financeira ou por ter um salário baixo, respire fundo. Muitos milionários estavam em situações igualmente desafiadoras antes de conseguirem conquistar sua liberdade financeira.

Portanto, se você não precisa de dinheiro para criar riqueza, do que precisa? Isso depende de quem você é e de como quer criar sua fortuna. Tudo se resume a mentalidade correta, habilidades, conhecimento, paixão, propósito, hábitos, pensamentos e ideias. Você vai encontrar bastante inspiração no decorrer deste livro.

> Qualquer pessoa, independentemente de sua situação financeira atual, pode ficar rica.

ENTRE EM AÇÃO

Chega do "coitado de mim"

Psicólogos como o a falecida dra. Nolen-Hoeksema, professora da Universidade de Yale, referem-se a sentimentos do tipo "coitado de mim" como ruminações: a tendência de ficar remoendo as origens dos seus problemas — pensar sobre aquilo que você não tem em vez de se concentrar em possíveis soluções para a questão.

Períodos prolongados de ruminações e de sentir-se mal em relação às circunstâncias em que você se encontra não são saudáveis. As pesquisas da dra. Nolen-Hoeksema associaram isso a todos os tipos de problemas de humor e de comportamento, incluindo distúrbios alimentares, abuso de substâncias entorpecentes e depressão.

É importante parar de se concentrar naquilo que você não tem e, em vez disso, ajustar o foco da sua mente para as coisas que precisa fazer. Ocupe-se com o que você quer se tornar, criar e adquirir. Seja como Dwayne "The Rock" Johnson, que disse em uma ocasião: "1997. Sete dólares no bolso. Eu sabia de duas coisas: a primeira é que eu estava falido e, a segunda, é que um dia não estaria mais".

Faça um inventário das coisas que você tem

Afastar-se da mentalidade "coitado de mim" pode não requerer nada além de ler este livro, pode levar tempo e até mesmo demandar alguma terapia para trabalhar as razões subjacentes.

Você pode começar elaborando uma lista das coisas boas que estão acontecendo. Pense em todos os atributos positivos e habilidades de que dispõe. Faça uma lista que contemple seus sonhos, metas, conhecimento, experiência profissional, competências técnicas, criatividade, sua rede de contatos e conexões familiares.

Não fique remoendo os problemas — concentre-se nas soluções.

11

A DETERMINAÇÃO É O SEU SUPERPODER FINANCEIRO

"Nada pode impedi-lo quando a sua força de vontade é realmente forte e robusta."

A determinação e a força de vontade são seus maiores aliados na missão de construir riqueza. Elas se resumem em uma só coisa: a capacidade de fazer algo que as outras pessoas teriam dificuldades para completar.

A força de vontade é como um músculo e é tão importante e grande quanto qualquer outro no seu corpo. Ela precisa ser usada, desenvolvida e fortalecida com uso regular, repetitivo e consciente, de modo que se transforme num hábito. Imagine o quanto você seria uma pessoa formidável e focada se a sua determinação fosse algo tão habitual quanto escovar os dentes.

Ficar rico pode ser estressante e há estudos que mostram que, quando se está estressado, é normal agir de acordo com os seus hábitos, independentemente de serem bons ou ruins. Assim, é essencial para o seu sucesso que você já tenha assimilado os hábitos corretos.

> Exercite regularmente a sua força de vontade. Lute contra seus próprios limites para construir a determinação. Sua conta bancária agradece.

ENTRE EM AÇÃO

Pratique até que fique automático

Transformar qualquer coisa em um hábito demanda tempo e esforço. Muito do meu treinamento em liderança gira em torno de ajudar pessoas a adotarem e desenvolverem novos hábitos. A força de vontade é um dos hábitos mais difíceis de dominar, mas você pode facilitar o processo.

Tenha clareza sobre qual aspecto da sua força de vontade você está tentando fortalecer. Encontre as questões específicas, como ter disciplina para economizar antes de gastar ou não desistir tão facilmente de tarefas no trabalho.

Monitore a si mesmo e celebre seus sucessos. Isso pode ser uma coisa privada ou você pode usar um companheiro para cobrar e compartilhar responsabilidades: alguém em quem confia, que irá cobrar suas responsabilidades e com quem pode trocar, a cada semana ou mês, exemplos de como está se desenvolvendo bem (ou mal).

Concentre-se no seu trabalho diário e nos sucessos

Se você se concentrar somente nas suas metas e necessidades futuras, sua determinação pode acabar se enfraquecendo. Isso acontece quando não consegue reconhecer que está superando diariamente desafios e batalhas. Ter noção dos sucessos do dia a dia faz sua determinação crescer, já que é uma lembrança constante de que é capaz de persistir e alcançar sucesso.

Quando faço trabalhos de coaching com líderes, estimulo essas pessoas a ter objetivos de longo prazo, mas também metas diárias, semanais e mensais. No fim de cada semana, é importante reunir exemplos recentes dos obstáculos, desafios e dificuldades que você enfrentou. Listar exemplos nos quais você mostrou determinação e força de vontade, não importa o quanto sejam pequenos ou triviais, vai ajudá-lo a crescer.

Reconheça e celebre seus sucessos.

12

AMIGOS PODEM SER UMA BÊNÇÃO OU UMA MALDIÇÃO

"Algumas pessoas energizam e ajudam você a ir em frente. Outras envenenam e afogam suas ambições. Escolha com sabedoria."

Há uma teoria que diz que cada um de nós é a média das cinco pessoas com as quais passamos mais tempo. Você consegue imaginar como seria passar o tempo em companhia de alguns dos bilionários mais respeitados do mundo? Pessoas como Bill Gates, Richard Branson e Jack Ma?

A ciência respalda a ideia de que as pessoas com quem socializamos terão um impacto incrível em nós. Um estudo publicado em 2013, na revista *Psychological Science*, concluiu que ter amigos com muita força de vontade pode aumentar nosso próprio autocontrole, como se apenas estar na presença deles fosse o bastante para fortalecer nossa força de vontade. Isso funciona porque eles servem como modelos a serem seguidos subconscientemente.

Psicólogos chamam esse fenômeno de influência social. São as maneiras pelas quais você ajusta suas ações e ideias para se conformar com as expectativas de um grupo social em particular. Você:

- Compra roupas ou alimentos específicos para ficar mais parecido com seus colegas de trabalho?
- Evita falar sobre suas ambições caso sua família o repreenda por sonhar em ser rico?
- Passa seus fins de semana fazendo atividades de que não gosta muito, simplesmente para agir como os seus amigos?

É uma boa ideia refletir sobre seus relacionamentos e considerar quais deles o influenciam de maneira positiva. Explore quais dos seus amigos e conhecidos têm valores, modos de pensar e comportamentos alinhados com os seus. A influência social pode ser direcionada para apoiá-lo em sua jornada para criar riqueza.

> Não permita que as inseguranças, a mesquinhez ou a falta de fé de outras pessoas o impeçam de cuidar das próprias necessidades e de trilhar seu próprio caminho.

ENTRE EM AÇÃO

Afaste-se de pessoas tóxicas
Não passe seu tempo com pessoas que zombam dos objetivos que você estabeleceu ou de como decide investir seu tempo, energia e dinheiro em busca de uma vida melhor.

Se você sabe que passar o tempo com pessoas tóxicas, amigos invejosos, colegas rancorosos e parentes inseguros não ajuda, é hora de quebrar esse paradigma. Seja gentil e diplomático, mas dê espaço a essas pessoas. Você pode se sentir ingrato ou culpado por se afastar, mas, se precisar escolher, qual das alternativas prefere? Criar a vida que de fato deseja ou simplesmente não contrariar os hábitos dos outros?

Cerque-se de pessoas que apoiam e acreditam em você
Permita-se encontrar e ser atraído para perto de almas que pensem da mesma maneira e reconheçam suas ambições, o desejo por uma vida melhor e mais liberdade financeira.

Para ser claro, não estou sugerindo que você se afaste por completo da sua vida antiga e de todos os seus amigos para criar novas conexões e amizades. É uma questão de equilíbrio. Talvez possa gradualmente aumentar o tempo e o apoio que consegue desses amigos (tanto os velhos quanto os novos) que o entendem e apoiam aquilo que você está tentando alcançar.

13

PARE DE PERDER DINHEIRO COM BESTEIRAS

"Procure e tape todos aqueles pequenos buracos que estão fazendo seus pneus murcharem."

Imagine se a sua conta bancária tivesse vazamentos pelos quais o dinheiro escorre.

Nada drástico, apenas alguns dólares, libras ou reais todos os dias. Não seria o bastante para causar pânico, mas seria um montante significativo no decorrer do tempo.

E eu aposto que isso já está acontecendo. Todos nós temos esses vazamentos de dinheiro, pode acreditar. Ninguém está totalmente imune a gastar dinheiro com coisas que não têm importância ou que não são usadas com frequência.

Geralmente tratam-se apenas de quantias pequenas, mas, quando se está criando riqueza você precisa de cada centavo que puder guardar. Ignorar as pequenas quantias gastas aqui e ali é um grande erro que pode cometer.

Assim, da próxima vez que passar em frente à sua cafeteria favorita, pergunte a si mesmo o quanto o seu hábito de tomar cappuccinos está lhe custando. São alguns trocados todos os dias, mas a quantia acaba se acumulando e se tornando centenas de dólares, de reais ou de qualquer outra moeda no decorrer de doze meses. E esse dinheiro poderia estar trabalhando para você, ajudando a alcançar seus objetivos financeiros.

O mesmo acontece com aquela academia onde você vai treinar duas ou três vezes por mês, ou com a revista que você assina, recebe em casa e não lê.

> Não deixe que esses pequenos vazamentos drenem a sua riqueza.

ENTRE EM AÇÃO

Corte as gordurinhas

Vamos analisar seus gastos. Comece fazendo uma listagem de tudo o que você tem em débito automático. Se houver alguma surpresa ali, cancele-as.

Monitore-se diariamente de modo que saiba pelo que está pagando ou no que está se cadastrando. Reflita sobre qualquer compra que acredite não precisar de verdade.

Você pode tentar usar aplicativos específicos para ajudá-lo a rastrear cadastros antigos de lojas ou produtos das quais não precisa mais.

Faça um inventário

A maioria das pessoas não sabe nem da metade dos itens que têm. Assim, por que não fazer um inventário daquilo que possui? Garanto que vai encontrar coisas que pode vender ou doar, ou que você já tenha coisas que evitariam outras compras. Há muitas pequenas descobertas possíveis de se fazer e que podem gerar (ou economizar) dinheiro.

Tome as rédeas dos seus impulsos

Por mais que seja tentador fazer compras por impulso, isso não dá certo. É muito fácil se deixar levar pelo momento ou sentir-se sob pressão porque uma promoção está terminando. Compras feitas no calor do momento constantemente resultam em remorso para os compradores. Quem nunca contratou um serviço de banda larga mais rápido e descobriu que a velocidade da internet quase não mudou?

Lembra-se dos aplicativos que permitem monitorar seus gastos de maneira criativa? Tente mudar para um desses. Agora é a hora de tomar as rédeas dos seus hábitos de compras.

14

POUPE ANTES DE GASTAR

*"Gaste apenas o dinheiro que
já tiver conquistado."*

Quanto dinheiro você economiza a cada mês? Infelizmente, nenhum de nós economiza o bastante, e uma quantidade enorme de pessoas não tem nenhuma reserva financeira.

Nos Estados Unidos, uma pesquisa feita em 2018 pelo bankrate.com revelou que 25% de pessoas entre dezoito e 53 anos não têm nenhuma reserva, nenhum dinheiro poupado. Nenhuma quantia com a qual possam contar em caso de necessidades. Outros 25% têm apenas o bastante para cobrir três meses de despesas gerais.

No Brasil, cerca de 90% das pessoas com mais de 25 anos não poupam dinheiro pensando na aposentadoria, segundo o Relatório Global do Sistema Previdenciário 2020.

Há uma situação parecida no Reino Unido, em que uma pesquisa de 2018, feita pela Skipton Building Society, descobriu que um em cada quatro adultos não tem nenhum dinheiro guardado, e um em cada dez gasta mais do que ganha.

Poupar é o ato fundamental para enriquecer. Se você não conseguir poupar, a riqueza não vai acontecer para você. Infelizmente, para muitas pessoas, em especial as mais jovens, as circunstâncias não estão tão fáceis: os salários estão baixos, os custos de vida e de moradia estão subindo e as tentações para gastar dinheiro com coisas que não são necessárias abundam à nossa volta.

Mas há uma boa notícia: não é preciso reservar uma quantia muito grande a cada mês para fazer conseguir fazer a diferença. O simples ato de poupar vai criar uma mentalidade de riqueza para você e, com a dádiva do tempo, essas pequenas quantias reservadas desde o começo têm ainda mais tempo para crescerem e se transformarem em algo significativo.

> Poupar é o ato fundamental para enriquecer.

Desenvolva uma "mentalidade poupadora"

É tentador questionar o valor de economizar, especialmente quando isso significa criar dificuldades financeiras para si mesmo apenas para conseguir poupar uma pequena quantia. Quando chegar ao final deste livro e estiver com o seu pensamento financeiro bem afiado, você vai querer poupar. Quando compreender o quê, o como e o porquê de aumentar sua riqueza, vai entender o motivo pelo qual isso é essencial. E, conforme for criando suas próprias metas financeiras, vai descobrir razões claras para economizar.

Separe a quantia a poupar assim que você receber seu salário

É melhor começar com pouco do que não começar nunca. Comece agora e transforme o ato de poupar em um hábito, em vez de deixar isso a cargo do acaso no fim do mês. Nunca espere até o fim do mês para ver o quanto sobrou depois que suas despesas foram pagas. Faça o contrário; separe pelo menos 10% do seu salário mensal e coloque-o na poupança assim que receber. Programe uma transferência automática de 10% para uma conta separada para o dia seguinte ao seu dia do pagamento. Você não vai estar sozinho. De acordo com a Skipton Building Society, 25% dos britânicos fazem isso, usando as ferramentas bancárias para transferirem automaticamente uma parte do seu salário.

Quanto você deve economizar? O ideal é começar com 10% do seu salário. Mas, na verdade, comece com o quanto for possível! Só você sabe quais são suas despesas essenciais e seus compromissos financeiros. Se estiver recebendo um salário muito baixo, talvez 10% seja muito. Comece com 5%, então. Por outro lado, se estiver sendo bem remunerado, você pode (e deve) economizar uma porcentagem maior.

Poupe os aumentos de salário e os bônus

Se tiver a sorte de receber abonos em momentos diferentes do ano, considere a possibilidade de colocar todo o valor (ou a maior parte dele) diretamente na sua conta de poupança. Talvez você possa até mesmo colocá-lo em algum fundo de aposentadoria.

15

PREPARE-SE PARA FAZER UMA JORNADA SOLITÁRIA

*"A estrada para o sucesso pode ser bem solitária.
Prepare-se para dias de trabalho duro, de ser incompreendido
e de ter de se esforçar para encontrar tempo para ajudar
outras pessoas."*

Alcançar qualquer tipo de sucesso é difícil. É algo que demanda muitas horas de trabalho, deixar de ir a eventos sociais, ser incompreendido e sentir-se sozinho. Se você não passou por nenhuma dessas experiências até agora, basta esperar mais um pouco.

Você pode não estar fisicamente sozinho, mas as pessoas à sua volta podem ter dificuldades para compreender e aceitar suas metas financeiras, sem entender direito o que você precisa fazer para conseguir alcançá-las. Essas pessoas podem simplesmente perceber que você está tomando mais cuidado com o dinheiro ou saindo menos do que costumava antigamente.

Você pode até mesmo perder algumas pessoas pelo caminho. Isso pode acontecer porque elas não entendem seus objetivos ou porque você escolheu se afastar, já que elas se tornaram pessoas invejosas, negativas ou insensíveis.

Uma coisa é certa: você vai se deparar com muitos obstáculos pelo caminho. É inevitável haver um momento em que os mercados vão parecer prestes a desabar sobre os seus investimentos. É aí que você vai se sentir sozinho. Em momentos como esses, pode até mesmo desejar estar sozinho.

> Criar riqueza demanda tempo, energia
> e concentração.

ENTRE EM AÇÃO

Aceite o que não quer mudar
É uma decisão inteiramente sua trilhar esse potencial caminho solitário. Trata-se de algo que exige uma certa negociação e só você pode encontrar seu ponto de equilíbrio. Um tema recorrente neste livro é que criar riqueza demanda tempo, energia e concentração. E isso é tempo e energia que, em outras circunstâncias, estariam disponíveis para outras pessoas em sua vida. A decisão sobre onde concentrá-los é sua.

Não perca as pessoas que você ama e com as quais se importa
Nós já vimos que o dinheiro não traz necessariamente a felicidade; assim, mantenha isso em mente e não permita que a sua busca pelo sucesso financeiro destrua os relacionamentos que realmente importam na sua vida.

Procure entender para depois ser entendido
Entre em contato com algumas pessoas e tente entender o que elas estão sentindo. Elas podem ter a impressão de que você as está negligenciando ou sentir que você está se afastando delas enquanto se dedica a realizar seus sonhos financeiros.

Dê-lhes algum tempo para entenderem que você ainda é a mesma pessoa de sempre, que ainda se importa com elas, mas que suas prioridades mudaram. Você tem menos tempo livre e (ironicamente) menos dinheiro do que antes.

Você não precisa estar completamente sozinho
Assim como Warren Buffett tinha Charlie Munger, Steve Wozniak tinha Steve Jobs e Larry Page tinha Sergey Brin, talvez você possa construir sua riqueza em parceria com outra pessoa. Para alguns isso funciona muito bem; para outros, pode resultar em conflitos.

16

DOMINE A ARTE DE VENDER

"Nós passamos a vida inteira vendendo para as outras pessoas: vendemos nossas ideias, opiniões e perspectivas; coisas de valor."

Pessoas bem-sucedidas no âmbito financeiro são excelentes vendedoras. Elas tipicamente têm uma persuasão bem aguçada e habilidades de influenciar que são essenciais para ajudá-las a convencer os outros e a superar desafios no caminho para o sucesso financeiro.

Aperfeiçoar suas habilidades em vendas ajuda em várias situações:

- Demonstrar ao seu chefe que você merece uma promoção;
- Pressionar seu chefe a pagar um salário compatível com o que o seu trabalho demanda;
- Apresentar suas ideias profissionais para que outras pessoas as apoiem;
- Inspirar pessoas a trabalharem com você para ajudá-lo a realizar seus sonhos;
- Conquistar novos clientes no início da trajetória da sua empresa;
- Persuadir um banco ou um agente de investimentos a aceitá-lo como cliente;
- Atrair investidores e acionistas para investir na sua startup;
- Convencer a si mesmo a fazer o que é necessário para alcançar seus objetivos.

Nem todo mundo é capaz de fazer apresentações como Steve Jobs. Felizmente, você não precisa ser uma pessoa extrovertida e superautoconfiante para desenvolver habilidades incríveis de vendas. Pessoas tranquilas e introvertidas podem ter a mesma eficiência em situações de vendas, em particular na construção de confiança e empatia em relacionamentos.

Muitos bilionários famosos hoje em dia, como Bill Gates, Mark Zuckerberg e Jack Ma não são naturalmente extrovertidos. Uma parte do seu sucesso foi permitir que seu trabalho vendesse a si mesmo, falar quando fosse necessário e procurar a ajuda de outros para convencer e persuadir pessoas.

> É importante aceitar que você é único e tentar compreender a si mesmo.

ENTRE EM AÇÃO

Desenvolva suas habilidades de comunicação

Vender é algo que depende totalmente de comunicação, e é sempre bom melhorar sua capacidade de se comunicar bem. Uma das habilidades de comunicação mais importantes que você pode desenvolver é praticar uma escuta ativa. Essa é a arte de demonstrar deliberada e conscientemente que você escuta e compreende aquilo que o seu interlocutor está dizendo e sentindo.

Seja autêntico

Gerentes bancários, investidores e futuros empregadores não esperam que você seja um vendedor incrível, mas esperam que seja uma pessoa autêntica e real. Todos nós sentimos uma atração natural e vontade de trabalhar com pessoas que escutam, se importam e têm paixão por aquilo no qual acreditam.

Coloque-se no lugar das outras pessoas

Quando precisar convencer alguém a tomar alguma decisão, não entre diretamente no "modo vendedor". Olhe para as situações por meio da perspectiva da outra pessoa. Que tipo de ajuda elas precisam? Que problemas e desafios elas estão enfrentando? Como você pode criar algo de valor para elas?

Antes de pedir um empréstimo a um banco, por exemplo, comece perguntando a si mesmo: "Por que eles vão aceitar meu pedido? O que vai fazer com que confiem em mim? Como posso ajudá-los com seus problemas, objetivos e desafios?".

Adquira experiência em vendas

Se você está começando sua carreira e não tem certeza de qual caminho escolher, considere a possibilidade de assumir um cargo na área de vendas. É uma oportunidade excelente de aprender a lidar com os desafios envolvidos em conquistar, influenciar e persuadir outras pessoas.

Além disso, você terá muitas oportunidades de enfrentar a rejeição e construir a resiliência necessária para continuar seguindo em frente, apesar de todos os problemas.

17

CRIE SUA PRÓPRIA VISÃO SOBRE DÍVIDAS

"É incrível como algumas pessoas tratam dívidas como se fossem o inimigo, enquanto outras se apaixonam perdidamente por seus cartões de créditos e empréstimos consignados."

Algumas pessoas parecem não se abalar muito quando precisam assumir dívidas. Quando eu era jovem, só via pessoas tomarem empréstimos e atrasar pagamentos quando estavam realmente desesperadas. Era raro alguém tomar um empréstimo para pagar por bens que não eram essenciais. Hoje em dia, as coisas são diferentes. Hoje, estar endividado é uma escolha aceitável de estilo de vida, constantemente promovida pela mídia com vários anúncios que nos incitam a:

- Comprar agora e pagar depois;
- Começar a usar um novo cartão de crédito em troca de brindes;
- Contrair empréstimos no fim do ano para pagar pela ceia de Natal e presentes;
- Fazer um empréstimo consignado para ajudá-lo a respirar por alguns dias.

De acordo com o estudo de um portal de negociação financeira, QuiteJá, 47,7% dos brasileiros possuem dívidas que variam entre R$1 mil e R$5 mil, e a faixa etária mais endividada é a de 35 a 44 anos. De todos os entrevistados, mais de 80% possuem renda mensal de R$1 mil a R$3 mil, o que significa que, além de endividada, a maior parte deve mais do que ganha por mês.

Qual é a sua visão sobre o endividamento? Isso lhe causa algum desconforto?

Não existe resposta certa ou errada, mas é importante compreender como se sente a respeito.

> Dívidas têm uma função específica
> na criação da riqueza.

ENTRE EM AÇÃO

Entenda o que é uma dívida

Mais adiante, vou dar alguns conselhos sobre como administrar e reduzir suas dívidas, também vou ajudá-lo a garantir que qualquer dívida que você contraia seja uma decisão tomada com sabedoria. Mas, primeiro, é preciso entender o que é uma dívida para que você possa analisar os diferentes tipos e os custos de qualquer quantia que lhe seja oferecida.

Então, o que é uma dívida? No nível mais básico, é um montante de dinheiro que você tomou emprestado por meio de uma dentre várias fontes ou financiadores possíveis. Pode ser uma dívida com garantias ou sem garantias.

- Uma dívida com garantia é um empréstimo ligado a um bem patrimonial, como sua casa ou seu carro. O bem funciona como a garantia de pagamento. Se você não honrar os pagamentos, o credor pode tomar o bem;
- Dívidas sem garantias não estão ligadas a nenhum bem que você possua. Um exemplo é tomar dinheiro emprestado no cartão de crédito. Tipicamente isso envolve pagar taxas de juros maiores, porque o credor assume o risco de que você pode não saldar a dívida e não há um bem patrimonial que ele possa tomar nesse caso.

Você precisa compreender tantos detalhes quanto possível sobre as dívidas, incluindo o conjunto de taxas de juros, tarifas, multas, prazos e regras associadas a diferentes tipos de empréstimos, desde empréstimos consignados e cartões de crédito com altas taxas de juros até hipotecas com taxas de juros fixas. Reserve algum tempo para pesquisar antes de assumir novas dívidas e converse com algum contador ou consultor financeiro independente.

Chegue a uma opinião consciente

Quando tiver mais conhecimentos sobre dívidas, passe algum tempo analisando seus empréstimos. Explore suas escolhas passadas e analise quando e como você contraiu essa dívida. Construa a sua "sabedoria das dívidas" e torne-se um expert no que significa assumir dívidas e estar endividado.

Você nunca mais vai se deixar iludir por anúncios bonitos e atraentes que o estimulam a fazer um empréstimo para passar aquelas férias na praia.

18

SEJA UM FUNCIONÁRIO INCRÍVEL

"Se quiser ser altamente valorizado no trabalho, crie mais valor do que você está sendo pago para produzir."

Se você quer ser milionário, não largue seu emprego. Talvez ele não dê a melhor remuneração do mundo, mas é o lugar em que você está hoje e que vai estar por algum tempo.

Seu emprego é o campo de treinamento para a construção de riqueza. Vá trabalhar todos os dias com uma mentalidade de sucesso. Torne-se indispensável na empresa. Almeje ser promovido como a estrela do setor que recebe merecidamente os maiores aumentos de salários, bônus, promoções de cargo e quaisquer outras formas de reconhecimento.

Enquanto isso, desenvolva o hábito de impressionar e inspirar as pessoas que estão ao seu redor e de sempre superar metas e expectativas que lhe são estipuladas. Esses são hábitos de que você vai precisar desenvolver no futuro.

Você pode não virar milionário nesse emprego, mas deve almejar ser bem recompensado e reconhecido enquanto aperfeiçoa suas habilidades no exercício do seu trabalho.

Qual é a alternativa existente? Você fica apático e tende a fazer o mínimo possível, porque sabe que há outro lugar para ir. Executar as tarefas sem muito esforço tem seus benefícios: menos estresse, mais tempo livre e mais energia para se dedicar a outros interesses. Mas você corre o risco de ficar preguiçoso, e isso é o oposto da mentalidade dos milionários.

> Se você se dispõe a fazer qualquer coisa na vida, dedique-se ao máximo. Supere as expectativas.

ENTRE EM AÇÃO

Supere as expectativas

Até mesmo alguns dos maiores líderes que eu oriento precisam ser lembrados de superar as expectativas. Aqui está uma rápida lista de coisas que você pode fazer:

- Esteja fisicamente presente. Não chegue tarde pela manhã nem desapareça para fazer longos almoços. Tome cuidado para não deixar a preguiça dominá-lo ou usar seu tempo em outras iniciativas empresariais;
- Esteja mentalmente presente. Evite passar o tempo na sua mesa concentrado em suas próprias atividades para ganhar dinheiro, como na compra e venda de ações ou na compra de imóveis;
- Renda mais do que 100%. Não é suficiente só estar presente. Dedique todo o seu tempo e energia até o último dia em que estiver no cargo. Não engula a falácia de que é aceitável cortar pequenas despesas;
- Acrescente valor à sua personalidade. Seja o colega que atrai as pessoas para si — alguém que é interessante e interessado, que fala de maneira produtiva em discussões e quer ajudar;
- Vá para casa na hora certa. Sim, você ainda pode sair da empresa no horário certo. Ninguém está dizendo que você tem que trabalhar até a meia-noite todos os dias.

Depois que sair do escritório, você estará livre para se concentrar em seus próprios empreendimentos e ideias para ganhar dinheiro, como criar uma empresa para tocar em paralelo, investir em patrimônio ou aprender coisas novas.

Negocie seu salário

Quando você supera as expectativas, é capaz de criar a coragem para pedir o salário que acredita merecer. Há conselhos mais adiante sobre como comunicar isso ao seu chefe.

19

TENHA CUIDADO COM DINHEIRO VIVO

"Nenhum milionário ganhou sua fortuna apenas poupando dinheiro."

O dinheiro vivo pode ser o rei das transações, mas não é necessariamente um rei rico. Há vinte anos, você podia deixar o dinheiro no banco e vê-lo crescer pelo menos 5% ao ano graças às altas taxas de juros sobre os depósitos. Você podia simplesmente se sentar e sentir que estava ficando mais rico — embora, na realidade, com a inflação alta da época, o seu saldo bancário podia estar aumentando, mas não necessariamente o seu poder de compra.

Hoje em dia as coisas são diferentes. As taxas de rendimento sobre os depósitos são muito baixas, às vezes são próximas de zero. O dinheiro no banco é como uma mala que você arrumou e guardou em algum lugar; quando você vai ver, ela está exatamente do jeito que você deixou. E mesmo em períodos em que as taxas de inflação estão mais baixas, isso não é uma compensação suficiente quando se recebe rendimentos quase nulos.

Mesmo com pouco retorno, guardar dinheiro vivo pode parecer relativamente seguro quando comparado ao risco de um investimento que não rende dividendos — e é seguro —, mas o problema inerente com o dinheiro vivo é que ele nunca vai deixá-lo rico. Vai ajudar você a girar suas rodas, mas não vai impulsioná-lo para a frente. Risco é igual à recompensa e, quanto maior o risco, maior é a recompensa potencial.

> É importante estar pronto para quando as coisas não acontecem como planejado e ter um plano estruturado de modo que um obstáculo não o faça afundar.

ENTRE EM AÇÃO

Quanto dinheiro vivo você deve ter consigo?

O montante de dinheiro vivo que você deve ter consigo é uma decisão muito pessoal. Não posso responder isso por você, mas, depois de muitos anos de experiência, aqui está o que aprendi:

- Se você tem um uso melhor e mais produtivo para o seu dinheiro em espécie, use-o. Caso contrário, guarde-o em uma conta de poupança para que ele esteja pronto para uso posterior;
- Se deseja aumentar sua riqueza total, ter dinheiro vivo em mãos é uma escolha ruim. Neste caso, deixá-lo no banco pode ser uma opção ideal;
- Se você é muito avesso a riscos, pode achar estressante demais colocar todos os seus fundos em investimentos que apresentem algum perigo. Guardar um pouco de dinheiro vivo pode ser uma opção necessária;
- A analogia de "guardar o dinheiro para um dia chuvoso" tem um fundo de verdade. Por mais que esteja batida, você pode precisar usar o dinheiro vivo como reserva de emergência;
- Frequentemente é melhor usar o seu dinheiro em espécie do que tomar um empréstimo. Por que contrair um empréstimo se você tem a quantia necessária em dinheiro para comprar um carro novo?

Toda essa discussão sobre o que fazer com seu dinheiro pode parecer um problema feliz para se ter, especialmente quando uma pessoa não tem dinheiro. Os conselhos deste livro vão ajudá-lo a aumentar sua riqueza e, consequentemente, você vai ter reservas em dinheiro que não estão atreladas às despesas habituais. Siga em frente!

20

ARREGACE AS MANGAS

"O sucesso financeiro é evitado constantemente porque veste um macacão surrado e cheira a trabalho duro."

Trabalhar apenas quatro horas durante a semana parece uma ideia excelente, mas as experiências de inúmeros milionários e bilionários dizem que o sucesso é algo que demanda esforço e, por consequência, requer tempo.

Mark Cuban é famoso por ter passado sete anos sem tirar férias e por ter virado noites no trabalho aprendendo a programar. Elon Musk falou sobre ter de trabalhar entre oitenta e cem horas por semana, toda semana.

Estudos confirmam que pessoas ricas têm um regime de trabalho muito forte. Dalton Conley, professor de sociologia da Universidade de Princeton, verificou que pessoas cuja renda é maior trabalham mais horas do que pessoas com renda menor, e pesquisas feitas por Daniel Kahneman, premiado com um Nobel, concluiu que ser rico é algo que se correlaciona com pessoas que passam menos tempo fazendo coisas por prazer e por diversão.

Você não precisa copiá-las e correr o risco de acabar sofrendo de síndrome de burnout. Ninguém está disposto a perder o equilíbrio entre a vida privada e o trabalho na corrida para ficar rico. Mas lembre-se de que, se decidir trabalhar oitenta horas por semana, comparando-se às quarenta horas típicas de trabalho de uma pessoa normal, você pode conquistar em seis meses o que outros levam um ano inteiro para conseguir atingir.

Tudo se resume às suas prioridades e opções. O quanto é importante conquistar diferentes objetivos em sua vida e o quanto é essencial ir com calma e relaxar? A maioria das pessoas quer apenas aquilo que é fácil demais.

> Pessoas ricas têm mais propensão a estar sentadas diante de suas escrivaninhas, com um computador ou um celular na mão, do que tomando coquetéis ou aproveitando o sol na praia.

ENTRE EM AÇÃO

Decida a importância dos seus objetivos

Somente você pode decidir como vai usar seu tempo e quais das suas metas de vida e financeiras devem ter prioridade. É você quem está em uma posição mais favorável para medir o que a riqueza significa para si.

Só é possível saber com certeza quanto esforço é necessário depois que você mergulhar em seus projetos e começar a se dedicar a eles. É como quando escrevi este livro; descobri quantas horas precisaria investir somente depois de completar as primeiras páginas.

Sofrimento no curto prazo em troca de benefícios no longo prazo

Você vai ter que fazer sacrifícios, pelo menos no início, e isso significa estar preparado para abrir mão de outras atividades, acordar mais cedo, passar menos tempo assistindo à Netflix e encontrando-se com amigos. Mesmo assim, encontre o ponto de equilíbrio. Faça exercícios regularmente. Não trabalhe aos domingos. Voltaremos a falar disso mais adiante.

Tente escolher metas financeiras e atividades que tenham sentido

O segredo para conseguir trabalhar por muitas horas sem estresse é ter propósito e também significado. O psicólogo Mihaly Csikszentmihalyi chama isso de estar em estado de "fluxo", que acontece quando você faz as coisas que ama, que estão alinhadas com o seu "eu" interior. Encontre o seu "fluxo" e tudo vai parecer não demandar esforço algum.

21

FATOS SÃO AMIGOS

"Observe a realidade; ela não é como você pensou nem como você gostaria que fosse."

A verdade pode ser bem irritante quando não respalda a maneira pela qual você vê o mundo. Às vezes, fechar os olhos ou enfiar a cabeça em um buraco pode parecer a única opção, mas ignorar os fatos não o leva a lugar algum.

Há muitas maneiras pelas quais podemos investir nosso dinheiro e nos permitir ignorar a realidade. Ao longo da minha carreira, já vi muitos exemplos:

- Compramos uma casa e descobrimos que um condomínio grande de apartamentos vai ser construído logo atrás dela; assim, perdemos a vista pitoresca da paisagem e o imóvel se desvalorizou. Na verdade, talvez já soubéssemos da construção do condomínio com antecedência, mas concretizamos a compra da casa mesmo assim, dizendo a nós mesmos "tudo vai ficar bem";

- Podemos investir na startup de um amigo que tem um negócio baseado na internet, ignorando o fato de que seus fundadores nunca tiveram sucesso em nenhum dos seus empreendimentos anteriores. Não deveríamos ficar surpresos se essa startup naufragar;

- Talvez possamos abrir uma empresa em paralelo e tocá-la junto ao nosso emprego regular, apesar de sabermos que não há tempo suficiente para dedicar às duas. Não devemos ficar surpresos quando a segunda empresa fracassar e o desempenho em nosso emprego piorar;

- Temos uma ideia incrível para uma empresa à qual insistimos em nos dedicar, apesar de recebermos conselhos frequentes para desistirmos, ignorando evidências de que a ideia não é particularmente nova, inovadora ou atraente para investidores.

Você pode tentar ignorar os fatos, mas eles não irão embora. O segredo para o sucesso financeiro é reconhecer padrões nocivos e pensar antes de cometer erros.

> Se você investiu dinheiro ignorando verdades inconvenientes, os fatos vão voltar para dar o troco.

ENTRE EM AÇÃO

Saiba em que você está baseando suas decisões
Tornar-se rico envolve tomar centenas de decisões. Você deve a si mesmo e à sua conta bancária garantir que todas elas são bem consideradas, e que você diferenciou seu ego, sentimentos, opiniões e emoções dos fatos e das verdades.

Psicólogos descobriram que nossos pensamentos e ações são impactados por bases cognitivas muito previsíveis. Nas próximas linhas, estão as bases que devem ser consideradas quando você decide em qual local vai colocar seu tempo, sua confiança e seu dinheiro.

- A falácia dos custos irrecuperáveis: aqui é onde você fica investido de maneira tão emocional que perde a capacidade de agir com racionalidade e aceitar que as coisas não deram certo.
- Percepção seletiva: isso explica como é fácil deixar passar a totalidade dos fatos, concentrando-se somente em um detalhe específico. Experimente observar o famoso vídeo "basquetebol e gorila" no YouTube. A maioria das pessoas não percebe o gorila andando pela quadra enquanto o jogo de basquete está acontecendo.
- Viés de ancoragem: isso destaca o perigo de confiar demais nas primeiras informações, opiniões ou fatos que você ouviu, fazendo com que ignore informações que surgirem depois.
- Viés de confirmação: é quando você só "vê" os dados que confirmam o que quer que seja verdade, porque eles se alinham com aquilo que você quer que seja a resposta.

Fique atento para esses vieses e como eles o influenciam — em especial quando podem afetar as decisões tomadas em relação ao dinheiro. Você nunca vai ficar rico se ignorar a realidade.

22

SEJA VOCÊ MESMO

> *"Só existe uma versão autêntica de si mesmo.*
> *Não tente ser como outras pessoas; você vai*
> *acabar sendo uma versão falsificada delas."*

É sempre importante estudar os hábitos, atitudes e modos de pensar de pessoas ricas que nos servem de modelo. Há muito a aprender ao analisar como as estratégias para a criação de riqueza e os modelos de negócios funcionaram para eles. Leia suas biografias para encontrar pistas sobre como alcançaram o sucesso e veja quais ideias, dicas e ferramentas você pode adaptar para seu próprio uso.

Mas o truque é não fazer isso às cegas. Uma boa técnica para uma pessoa pode ser um desastre para você. Jack Dorsey, o cofundador bilionário do Twitter, segue a mesma rotina todos os dias com um ritual matinal diário, acordando às 5h da manhã e meditando por meia hora antes de fazer exercícios físicos. Você teria sucesso financeiro se fizesse o mesmo? Provavelmente já estaria dormindo ao meio-dia. Mas a ideia geral de ter uma rotina fixa pode lhe servir bem. Assim, adote ideias de maneira seletiva e experimente com elas em seu próprio contexto.

> Esteja disposto a adotar, experimentar e praticar os hábitos dessas pessoas. Por meio de tentativa e erro, você vai encontrar alternativas que funcionam para o seu caso.

ENTRE EM AÇÃO

Pergunte a si mesmo: "Isso funciona para mim?"
É seguro apostar que, se alguém é financeiramente bem-sucedido, essa pessoa vem fazendo algo eficaz para ter esse resultado. Assuma a tarefa

de aprender o que as outras pessoas fizeram e compreender seus padrões e maneiras de trabalhar.

Tão importante quanto isso é o fato de que você vai encontrar realidades com as quais não se sente confortável. Muitas pessoas ganham bastante dinheiro com *day trading*, por exemplo, mas isso não significa que a atividade em questão seja para você. É possível ter sucesso financeiro dessa maneira, mas você quer realmente passar o dia comprando e vendendo ações e títulos pelo seu notebook?

Trilhe seu próprio caminho

Ficar rico significa fazer coisas à sua maneira, não se transformar em uma cópia daqueles com quem você está aprendendo. Experimente, use aquilo que for bom, assimile as ideias e hábitos de que gostar mais e personalize e adapte as coisas para que tudo isso atenda, suas necessidades e sua situação.

23

SUA REPUTAÇÃO É TUDO

*"Viva a vida como se você estivesse sendo filmado
24 horas por dia, sete dias por semana."*

Saiba que sua reputação é sua marca. É como outros veem você e julgam seu caráter. É quase impossível manter um excelente emprego, conduzir uma startup de sucesso ou atrair investidores se tiver uma reputação ruim.

Astros como Tiger Woods e Lance Armstrong perderam patrocinadores porque suas reputações foram manchadas. Líderes tiveram de se demitir devido a erros de julgamento que vão desde postagens inapropriadas em redes sociais até a utilização de informações privilegiadas.

A criação de riqueza envolve conectar-se e trabalhar com outras pessoas, e a sua marca pessoal abre portas — colegas de trabalho mais experientes que o ajudam a avançar com rapidez na carreira, financiamentos oferecidos pelo seu banco ou uma empresa de investimentos que oferece capital e expertise para a sua startup. Todas essas pessoas sabem que, se apoiarem você, suas reputações vão se misturar com a sua. Se desmoronar, isso causa impacto neles, e ninguém quer isso. Seja a aposta segura e as pessoas estarão por perto para apoiá-lo.

> Leva muitos anos para construir uma boa reputação
> e apenas um momento para destruí-la.

ENTRE EM AÇÃO

Proteja a sua marca
Você pode se certificar de que a sua reputação seja sempre boa ao vigiar cada uma de suas palavras e ações:

- Faça uma pausa antes de enviar e-mails, tweets ou mensagens. Você está comunicando exatamente o que quer dizer ou existe alguma chance de ser mal interpretado?
- Pense antes de fazer comentários casuais. Há alguma possibilidade de que seus comentários possam ser entendidos como arrogantes, discriminatórios, machistas ou como alguma forma de bullying?
- Reflita antes de assumir compromissos e fazer promessas. Você confia em sua capacidade de satisfazer as expectativas que criou?
- Seja honesto. Todos nós mentimos; alguns estudos sugerem que contamos dezenas de pequenas e grandes mentiras todos os dias. Prefira a verdade e a sua reputação vai se beneficiar com isso.

Seja franco

Não há problema em não ser perfeito. Simplesmente concentre-se em ser franco em relação a seus erros e fraquezas, seja o seu projeto de startup que fracassou, os cargos profissionais nos quais teve dificuldades ou em admitir que você não tem todas as respostas.

24

ALAVANQUE SEU DINHEIRO
COM SABEDORIA

"Quando empréstimos estão em jogo, o pouco se transforma em muito. Uma pequena colina pode se converter em uma montanha majestosa."

É muito difícil enriquecer usando apenas seu próprio dinheiro. Em vez disso, é comum que investidores tomem empréstimos, usando os fundos extras para comprar patrimônio como imóveis, ações ou empresas. Esse tipo de empréstimo é chamado de alavancagem. Não é apenas ter mais dinheiro; tomar empréstimos para investir também aumenta a sua porcentagem de retorno em qualquer aplicação. Vou mostrar com um exemplo de investimento em imóveis.

- Você compra uma casa no valor de 200 mil usando apenas 20 mil do seu próprio dinheiro. Você financia o restante com uma hipoteca de 180 mil.
- Depois de um ano, o preço de mercado da casa aumentou 10%.

Assim, você decide vender o imóvel.
Receita da venda da casa: R$220.000
Menos o pagamento feito ao banco: R$180.000
Lucro com a venda: R$40.000

Isso lhe dá um retorno de 100% sobre os 20 mil iniciais que você investiu (ou seja, você recebe os 20 mil que empregou inicialmente e ganha outros 20 mil).

Essa é a atração da alavancagem. Se tivesse usado seu próprio dinheiro para bancar todos os 200 mil, você só teria conseguido um retorno de 10% — obtendo um lucro de 20 mil, que é 10% a mais do que você pagou originalmente. Estamos ignorando as taxas e outros custos, mas é possível ter uma boa ideia do processo: fazer um empréstimo pode lhe dar um retorno maior sobre o seu investimento.

A mesma multiplicação de lucro ou de retorno se aplica a outros tipos de investimento. Investidores em mercados financeiros podem trocar uma posição grande (por exemplo, comprar uma grande quantidade de ações ou contratos) usando apenas uma pequena quantia do seu dinheiro ou capital de giro (ou margem).

> Saber quanto alavancar com o seu dinheiro demanda planejamento cuidadoso e prática.

ENTRE EM AÇÃO

Não seja ambicioso damais com exageros na alavancagem
O poder da alavancagem em épocas boas é incrível. Quando os preços de ações, títulos, imóveis e outros bens patrimoniais estão subindo, até mesmo o menor investidor pode conseguir lucros enormes em relação aos seus aportes iniciais. Tomar empréstimos para criar um império imobiliário ou para se tornar um *trader* em mercados financeiros pode parecer uma fórmula mágica.

O perigo é quando os preços caem e você se vê sem condições de pagar os empréstimos, mesmo com as receitas das suas vendas. No exemplo da compra da casa de 200 mil, imagine se os preços dos imóveis caíssem 20%. Sua casa vale agora 160 mil e você deve 180 mil ao banco.

Se isso fosse o seu único problema com os investimentos, talvez você pudesse assimilar uma perda de 20 mil, mas como ficariam as coisas se você tivesse comprado outros quatro imóveis, todos com o mesmo tipo de empréstimo? Você continuaria com eles, à espera de sua valorização, ou venderia e assumiria um grande prejuízo? Como você pagaria o total devido ao banco?

É preciso tomar cuidado em relação ao número de ativos, de qualquer tipo, que você compra com dinheiro emprestado. Alavancar demais é o jeito mais fácil e mais rápido de perder toda a sua riqueza. Não deixe que a época de vacas gordas o faça pensar que seus investimentos nunca vão perder valor. Sempre pergunte a si mesmo se é capaz de sobreviver a uma redução no valor dos seus investimentos alavancados.

25

NADA DE ERGUER BANDEIRAS BRANCAS

"Nunca desista. A maioria das pessoas nunca chega ao pico da montanha, e muitas desistem nos menores aclives."

De acordo com o banco suíço Credit Suisse, mais de 99,5% de nós não são milionários. Dos 42 milhões de milionários no mundo, a maioria só chegou a esse patamar porque suas casas aumentaram de valor. Ganhar dinheiro é um caminho longo, difícil, obscuro e solitário, e há muitas razões para jogar a toalha.

Em todo lugar para o qual olhamos, as pessoas enfrentam diferentes obstáculos:

- Aproximadamente 43% dos americanos sentem que "não estão nem perto" de alcançar a tão sonhada independência financeira, de acordo com uma pesquisa relaizada em 2017 pela Consolidated Credit, Inc;
- Cerca de ⅓ dos aposentados australianos estão vivendo na pobreza, de acordo com um estudo realizado em 2016 pelo *think tank* Per Capita;
- 48% dos brasileiros não controlam seu orçamento, revela pesquisa do SPC Brasil.

Ficar rico pode não ser tudo, mas alcançar suas metas financeiras certamente é importante o bastante para não desistir no primeiro tropeço.

> Você começou, agora precisa terminar.
> Desistir não é uma opção.

ENTRE EM AÇÃO

Continue andando
Certifique-se de que seus propósitos financeiros sejam realmente importantes. Se você acreditar de verdade que seus objetivos são essenciais, vai ser mais difícil desistir deles.

Celebre conquistas no curto prazo
Reconheça seus sucessos e quaisquer obstáculos que você superou, não importa o quanto pareçam pequenos. Isso vai ajudá-lo a se lembrar de que o sucesso é possível, de que grandes feitos podem acontecer e de que você pode alcançar seus objetivos principais.

Desenvolva a persistência
Não é fácil. Algumas pessoas são mais naturalmente persistentes do que outras. Assim, como você se torna mais persistente?
- Vá devagar e seja paciente. Se não esperar que tudo aconteça instantaneamente, você terá mais chances de continuar no rumo certo;
- Faça uma pausa antes de reagir a eventos e situações. Quando sentir vontade de jogar a toalha, vá para casa e durma um pouco. Volte ao desafio renovado na manhã seguinte;
- Cerque-se de apoio. Ajuda muito simplesmente ter pessoas com quem conversar e que vão encorajá-lo a continuar trilhando o seu caminho.

Veja tudo como uma lição
Espere que haja atrasos, obstáculos, dificuldades financeiras e erros. Tudo é uma lição e, se você prestar bastante atenção, vai aprender como:
- Evitar que erros se repitam;
- Fazer de maneira diferente;
- Mudar suas ações, comportamentos e planos.

26

NÃO SE APEGUE

> *"Você não precisa vender a sua avó. Ela pode ficar. Mas é preciso se livrar de todo o resto!"*

Faz parte da natureza humana apegar-se a coisas que você teve durante algum tempo, e o mesmo se aplica aos investimentos. Mas só porque um determinado investimento é "o seu bebê", não significa que seja bom. Você nunca deve se apegar emocionalmente aos seus investimentos, e precisa sempre estar disposto a abrir mão deles no momento certo. Muitos investidores têm dificuldades para se desapegar.

Meu avô passou décadas apegado à sua mercearia em Yorkshire, no Reino Unido. Era uma empresa que ele criou do zero e que ele se recusou a vender, apesar dos sinais de que ela estava em declínio conforme os supermercados começavam a aparecer por todos os lados. Ele relutou em se separar da loja, e, quando finalmente a vendeu, foi por uma fração do que podia ter ganhado se tivesse vendido antes.

Desenvolver uma ligação emocional com o seu dinheiro ou investimentos porque eles o conectam com seu passado, ou por alguma outra razão, é simplesmente algo sentimental.

> Deixe seus "bebês" irem embora quando chegar a hora certa ou vai ter de lidar com "adultos" com rendimento insatisfatório.

ENTRE EM AÇÃO

Tome as rédeas do seu apego
Analise suas finanças, obrigações profissionais e investimentos e pense: por que você adquiriu cada um deles? Por que seu apego a eles?

- Você tem ações e títulos de uma determinada empresa apenas porque seu primeiro emprego foi nesse lugar?
- Você insiste em levar em frente uma empresa familiar que passa por dificuldades só porque, se fizesse algo diferente, estaria enterrando os sonhos dos seus pais?
- Você está investindo mais dinheiro em negócios imobiliários que lhe dão prejuízo apenas porque já investiu tanto emocionalmente que não consegue suportar a ideia de se desapegar?

Você não precisa vender um patrimônio ou investimento apenas porque sente apego emocional por ele; você precisa se livrar de qualquer um que esteja mantendo por causa do apego emocional.

Corte as amarras

Faz parte da natureza humana ter ligações emocionais e formar conexões, mas se elas estiverem fazendo com que sua riqueza desapareça, você precisa decidir entre a importância de alcançar seus objetivos financeiros e o apego ao seu passado.

27

DOE PARA, ENTÃO, RECEBER

*"Você não pode ficar com toda a sua riqueza.
É preciso dar um pouco aos outros."*

De acordo com um estudo feito por pesquisadores da Universidade de Zurique e publicado na revista *Nature Communications*, em 2017, mesmo quando uma pessoa doa pequenas quantias, a sua felicidade, satisfação e bem-estar aumentam da mesma maneira como se doasse quantias muito maiores de dinheiro. Desenvolva o hábito de doar regularmente para aqueles que precisam. Assim, ao ajudar o outro, você também ajudará a si mesmo.

Outro benefício que vai perceber é que, ao fazer uma doação, mesmo sem qualquer expectativa de receber algo em troca, você vai ganhar uma coisa de volta. Em um estudo de 2007 chamado "Altruísmo e reciprocidade indireta", os sociólogos Brent Simpson e Robb Willer demonstraram a alta probabilidade de a sua generosidade de hoje ser recompensada mais tarde. A generosidade melhora a sua reputação altruística e isso aumenta a chance de que você receba benefícios futuros vindos de terceiros, até mesmo de pessoas que não se beneficiaram das suas doações.

Talvez isso soe como ciência fajuta, mas é algo que espelha o que acontece em muitos ensinamentos espirituais e religiosos. As fés hindu e budista falam sobre o carma; o cristianismo fala sobre "colher o que foi plantado", e "dê, e você receberá".

Fora dos círculos religiosos, as pessoas falam sobre a energia do Universo e a Lei da Atração. Qualquer que seja a sua perspectiva, parece haver algo que funcione nesse sentido.

> Mantenha a mente aberta: ser caridoso pode criar um ambiente de generosidade à sua volta.

ENTRE EM AÇÃO

Mantenha a mente aberta

Você pode se sentir muito confortável com a ideia de que doar cria uma energia de abundância à sua volta. Você pode acreditar na ideia de carma, em que todas as nossas ações retornam para nós de alguma maneira. A sugestão de que nós criamos nossa própria realidade positiva pela projeção de energia positiva também pode ser interessante para você. Esse tópico é abordado em muitos best-sellers de autoajuda como *O Segredo*, de Rhonda Byrne, e *A Força da Intenção*, de Wayne Dyer. Permita-se aceitar a ideia de que ser caridoso tende a criar um ambiente de generosidade à sua volta.

Comece hoje

Não espere até você ser super-rico ou até se aposentar. Por que você iria querer esperar anos até começar a retribuir o que recebeu de bom? Comece hoje mesmo.

Comece pequeno

Doe o que puder hoje e não se sinta culpado se for pouco dinheiro. Doar pequenas quantidades para uma instituição beneficente é um começo perfeito. Posteriormente, quando sua riqueza estiver maior, você pode decidir doar quantias maiores ou mesmo deixar dinheiro em seu testamento para causas beneficentes. E não se esqueça dos benefícios fiscais de doar para instituições de caridade reconhecidas.

28

JUROS COMPOSTOS
SÃO MÁGICOS

*"Descubra as alegrias dos juros compostos.
Entenda-os e eles vão deixá-lo rico. Não os entenda
e você vai ficar pobre."*

Juros compostos podem ser uma bênção ou uma maldição para você. Depositar dinheiro em uma aplicação e deixá-lo intocado no decorrer de vários anos pode resultar numa pequena fortuna, mas uma fatura de cartão de crédito que não foi paga pode fazer você afundar.

Até mesmo com taxas de juros baixas, o impacto do cálculo composto é significativo. Permita-me demonstrar isso com um pouco de matemática. Imagine que você recebeu R$1.000 em dinheiro e que colocou a quantia em uma aplicação que paga, antes de os impostos serem cobrados, 3% de juros anuais. Você não mexe mais na conta. Observe como o saldo cresce conforme os juros anuais são calculados sobre o saldo total no fim de cada ano:

Ano 1	R$1.030	Ano 6	R$1.194
Ano 2	R$1.061	Ano 7	R$1.230
Ano 3	R$1.093	Ano 8	R$1.267
Ano 4	R$1.126	Ano 9	R$1.305
Ano 5	R$1.159	Ano 10	R$1.344

Mesmo com uma taxa de juros baixa de 3%, seu dinheiro cresceu um terço ao longo de dez anos. Essa é a alegria de receber juros sobre juros, ou juros compostos. O reverso da moeda é a paulada que você recebe de repente se não pagar as dívidas que possui. Assim como tudo na vida, os juros compostos podem realmente trabalhar a seu favor ou contra você, caso não tome cuidado.

> Não subestime pequenos montantes de juros.
> Tudo isso se acumula com o passar do tempo.

ENTRE EM AÇÃO

Evite pagar juros compostos

Os juros compostos que você paga sempre são maiores do que as taxas de depósito que recebe. É possível conseguir vantagens com as taxas de juros baixas em alguns tipos de empréstimo, mas os juros das faturas do cartão de crédito e dos empréstimos consignados sempre são danosos, e os efeitos de juros compostos altos agindo contra você podem ser assustadores.

Mesmo com limites estabelecidos pelo governo, você pode facilmente acabar pagando 30% de juros ao ano. Frequentemente é difícil saber o quanto tem de pagar até que o banco envie a fatura mensal. Às vezes, os juros são calculados por dia, o que pode fazer com que o total a pagar seja ainda maior.

Este exemplo mostra como uma fatura de cartão de crédito não quitada, mesmo que de baixo valor, pode explodir em uma dívida enorme em pouco tempo. Vamos presumir que ela não seja paga e que você tome um empréstimo de R$1.000 em dezembro. Os juros são cobrados pela primeira vez em janeiro. A taxa de juros anual é de 24% e o cálculo é feito mensalmente.

- Janeiro: juros de 2% sobre R$1.000, que resulta em R$20,00;
- Fevereiro: juros de 2% sobre R$1.020, que resulta em R$20,40;
- Março: juros de 2% sobre R$1.040,40, que resulta em R$20,80;
- (...)
- Em dezembro, você precisaria pagar R$1.243,37 para liquidar totalmente a fatura, além de quaisquer outras tarifas que possam ser cobradas. Da próxima vez que atrasar o pagamento de alguma conta, tenha noção do quanto isso pode lhe custar.

Com empréstimos consignados, você pode acabar devendo cerca de duas ou três vezes mais do que a quantia financiada originalmente.

Comece aos poucos e seja paciente
Quando puder, deposite determinada quantia em uma aplicação para receber juros compostos. Faça retiradas somente se tiver um uso mais produtivo para esse dinheiro, como investir em títulos de dívida pública, em imóveis ou em uma empresa. Caso contrário, apenas relaxe o observe o saldo crescer.

29

UMA RENDA PREVISÍVEL
LHE TRAZ PAZ

*"Me dê uma renda permanente e
eu estarei em paz."*

Em nosso mundo volátil e em constante mutação, ter uma renda confiável e regular é uma bênção que lhe permite focar na construção da sua riqueza em vez de passar o tempo todo se preocupando com a próxima refeição. Se puder prever a chegada do seu dinheiro com alguma precisão, então você estará numa posição ainda mais confortável e fortalecida.

Uma renda recorrente, ou residual, continua a chegar para você depois que o trabalho foi concluído e, como regra geral, vem de duas fontes:

1. O retorno e a renda sobre o patrimônio que você tem;
2. Renda gerada por empresas e o trabalho que você faz.

Se recebe dinheiro de qualquer uma das rendas abaixo, você tem uma renda residual:

- Salário;
- Recebimento de juros pelo dinheiro em aplicação;
- Aluguel que você recebe dos seus imóveis, incluindo modalidades como o Airbnb;
- Venda de produtos e serviços — você pode ter um volume regular de negócios ou, melhor ainda, clientes que fazem pagamentos mensais pelos seus serviços;
- Um negócio de marketing de rede;
- Dividendos e rendimentos incidentes sobre o seu portfólio de investimentos;
- Royalties e taxas pagas por suas patentes e ideias, incluindo livros que você escreveu.

Esses são os componentes da sua riqueza e nós vamos aprender mais sobre eles e sobre como maximizá-los no decorrer do livro.

> Ter certeza de que pelo menos uma parte da sua renda chega regularmente pode diminuir o estresse nas tarefas de acumulação de riqueza.

ENTRE EM AÇÃO

Use um fluxo recorrente de renda como trampolim

É interessante considerar qualquer renda regular e recorrente como uma rede de proteção ou um seguro: você sabe que ela vai chegar e isso o deixa livre para explorar outras opções para aumentar sua riqueza financeira e conquistar seus objetivos.

Isso vai permitir que você assuma alguns riscos com o seu dinheiro, faça experiências, aprenda e teste novas ideias de investimentos e geração de renda.

Tente obter renda recorrente automática

A renda recorrente ideal é a renda passiva. Esse é o dinheiro que você ganha enquanto está dormindo e requer pouca ou nenhuma atenção para criar e manter. Vamos falar sobre isso mais adiante.

Não tire os olhos da bola

Nenhum fluxo de renda é verdadeiramente automático ou 100% garantido. O simples fato de ser regular e recorrente não significa que você pode simplesmente esquecer que ele existe. Todos os fluxos de renda requerem determinado nível de atenção e apoio. Por isso, observe e fique de olho em todas as suas fontes de riqueza.

- Se você tem imóveis que geram renda de aluguel, fique atento à sua localização. Observe novos projetos e empreendimentos que podem impactar o valor e a atratividade das suas casas ou apartamentos;
- Fique atento a mudanças tributárias que podem causar impacto nos seus investimentos e fazer com que eles fiquem potencialmente mais ou menos atraentes;

- Não confie cegamente nas pessoas que administram os bens patrimoniais produtores de sua renda recorrente. Nenhum agente imobiliário, corretor de ações ou administrador de fundos é perfeito.

30

PAGUE DÍVIDAS IMPRODUTIVAS

"Uma dívida pode transformar até mesmo a pessoa mais feliz."

Se você estiver afundado em dívidas e com dificuldades para pagar as contas, é preciso decidir se a sua dívida é produtiva ou improdutiva.

Algumas dívidas são úteis. Estas são suas dívidas produtivas — os empréstimos tomados para ajudá-lo a investir em imóveis ou para lastrear outros investimentos, incluindo auxílio na compra ou expansão de um negócio. Esses investimentos lhe dão renda de aluguel e pagam dividendos. Produzem fluxos de renda que, se tudo der certo, vão conseguir cobrir os juros cobrados nos empréstimos iniciais.

Suas dívidas improdutivas de consumo são aquelas com as quais você deve se preocupar. Você já somou seus gastos com cartão de crédito, parcelamentos de compras, empréstimos consignados, financiamentos de veículos e as multas pelo uso do cheque especial? Essas são as dívidas que podem quebrar suas pernas com tarifas e taxas altas de juros e sem que nenhum fluxo de renda seja gerado do dinheiro que você tomou emprestado.

> Grandes dívidas improdutivas vão impedir que você fique rico. Pior ainda: vão deixá-lo pobre, deprimido e causarão crises de ansiedade.

ENTRE EM AÇÃO

Priorize suas dívidas

Liste tudo o que você deve, incluindo as quantias de empréstimo. Inclua os débitos potencialmente produtivos, tais como hipotecas, e liste as dívidas improdutivas como despesas no cartão de crédito e os pagamentos de parcelas de financiamento. Inclua todas as suas obrigações financeiras, acrescentando pagamentos mensais. Estabeleça, particularmente, se você tem alguma dívida que pode provocar ação judicial ou problemas financeiros ainda maiores se não for saldada.

Analise os custos
Quanto de juros você tem de pagar pelo dinheiro que deve? Tente calcular quais são as taxas e se há alguma taxa extra que incide sobre pagamentos antecipados. O objetivo é entender quais dívidas são mais caras e quais devem ser saldadas mais rapidamente a fim de minimizar as suas despesas totais. Descubra onde há benefícios fiscais para certos pagamentos.

Reduza o custo das suas dívidas
Isso pode ser alcançado de várias maneiras, incluindo as seguintes:
- Usar qualquer montante extra que você tenha guardado em espécie para saldar algumas dívidas;
- Renegociar dívidas, incluindo o financiamento da sua casa própria;
- Tomar empréstimos mais baratos e usar os fundos para saldar suas dívidas com custo maior.

Dívidas são um assunto difícil e, se você estiver tendo problemas sérios, seria bom procurar ajuda e aconselhamento.

31

NÃO APOSTE

> "Se você quer apostar seu dinheiro, jogue este livro no lixo. Leve suas economias para Las Vegas ou Macau e aproveite enquanto elas durarem."

Pessoas ricas geralmente não apostam seu dinheiro. Em um estudo feito nos Estados Unidos pelo escritor e planejador financeiro Thomas Corley, 77% das pessoas pobres admitiram que jogam regularmente na loteria, comparados com apenas 6% das pessoas ricas. A conclusão de Corley é de que os pobres "confiam na sorte e na aleatoriedade para fazê-los melhorar de vida, em vez de confiar na sorte baseada em oportunidades na qual os ricos confiam".

A sorte baseada em oportunidades é o tipo de sorte que você precisa criar — e vamos falar disso mais adiante.

Não pense que apostar dinheiro é algo relacionado apenas a cassinos, agências de apostas ou ainda bilhetes de loteria. Houve várias corridas desesperadas para o mercado de ações no decorrer dos anos, em que os investidores tentavam comprar e vender com lucro devido a algum alvoroço insano de investimentos sem a menor ideia do que estavam fazendo, e acabaram sofrendo as consequências dessas ações tempos depois.

Claro, alguma pessoa mais sortuda vai conseguir ganhar na loteria, mas a probabilidade de que ela seja você é muito pequena. É muito melhor colocar o seu dinheiro em situações que você pode controlar, ou pelo menos em que tenha um pouco mais de controle, investindo em bens patrimoniais capazes de gerar renda em vez de esperar que a sorte sorria para você.

> Ninguém nunca ficou rico enquanto esperava por um golpe de sorte.

ENTRE EM AÇÃO

Evite apostar

Todo mundo gosta de "fazer uma fezinha", mas apostar dinheiro não traz lucros e você não vai se tornar um investidor de sucesso apenas por sorte. Nunca compre ações, opções, derivativos, imóveis e outros bens patrimoniais seguindo somente sua intuição, confiando na sorte ou porque acha que deve. Não importa se você viu outras pessoas enriquecerem por meio da especulação. A menos que compreenda bem o mercado em que está investindo, é melhor passar longe dele.

As regras para eliminar as apostas dos seus investimentos são:

- Sempre estude as oportunidades nas quais você quer investir, seja no mercado imobiliário, ações de uma empresa recém-chegada à bolsa de valores ou tornar-se o cofundador de uma startup;
- Tente investir pequenas quantias para começar, não importa o quanto a oportunidade pareça atraente ou encantadora;
- Nunca coloque todo o seu dinheiro em um único investimento ou fundo.

Simplesmente não aposte

Passe longe de sites de apostas, em que os algoritmos são criados para garantir que, em média, o site ganhe, mas você, não. As probabilidades jogam contra você. A chance de vencer é incrivelmente baixa. Aposte para se divertir usando alguns trocados que estejam sobrando, mas nunca com a intenção de enriquecer.

32

NÃO PEGUE DINHEIRO EMPRESTADO COM PESSOAS PRÓXIMAS

"O que é mais importante: a amizade dessas pessoas ou o dinheiro que elas têm?"

Pegar dinheiro emprestado para estruturar um patrimônio que gere renda é um aspecto importante para a construção da sua riqueza, e os familiares e amigos podem parecer uma fonte óbvia de dinheiro:
- São pessoas fáceis de encontrar e de estabelecer conexões;
- Eles o conhecem e você os conhece;
- Você é capaz de estimar o quanto eles serão generosos e gentis;
- Você já pode saber quanto dinheiro eles têm no banco;
- Eles podem entender o que você está tentando alcançar e os motivos pelos quais precisa de dinheiro.

Em contraste, bancos, investidores profissionais e outras fontes potenciais de dinheiro são mais complicados e exigentes. O processo envolve papelada, planos de negócios, garantias, documentação para os empréstimos, relatórios de integridade prévia... Eles precisam de tempo para conhecer melhor com quem estão lidando, compreender por que você precisa de dinheiro e agir de acordo com seus próprios processos. E, ao final de tudo isso, as análises financeiras e avaliações de riscos podem concluir que não é possível lhe dar todo o dinheiro de que precisa.

Apesar disso, é melhor, na medida do possível, não depender dos indivíduos que são mais próximos a você. As pessoas podem sentir o impulso de ajudá-lo, mas podem também se preocupar com a possibilidade de que você não irá pagar os empréstimos na data acordada, ou que não vai pagar juros pelo empréstimo nem vai querer assinar um contrato de empréstimo. Lembre-se do que Shakespeare dizia e pense duas vezes antes de testar seus laços familiares e de amizade.

> Empréstimos frequentemente se perdem e, junto
> a eles, as amizades. — *William Shakespeare*

ENTRE EM AÇÃO

Esgote outras fontes primeiro

Antes de chegar para a sua mãe ou para o seu melhor amigo, assegure-se de já ter esgotado todas as outras fontes. Se bancos, investidores profissionais e outras fontes de financiamento não estão dispostos a lhe emprestar dinheiro, tente entender os problemas:

- Eles podem achar que seus planos são pequenos demais;
- Eles podem achar que você não tem garantias para oferecer;
- Você pode ter um histórico ruim de crédito, ou talvez não tenha uma fonte de renda segura para dar a confiança de que eles precisam para lhe emprestar o dinheiro.

Se os profissionais não querem lhe emprestar, seria aceitável pedir às pessoas próximas? Antes de recorrer a amigos e familiares, pense se as preocupações do banco são válidas quando o veem como um tomador de empréstimo de alto risco.

Se realmente precisar...

Se o seu último recurso é pegar dinheiro emprestado com as pessoas à sua volta, siga essas recomendações:

- Nunca pressione alguém a lhe emprestar dinheiro;
- Não negocie demais;
- Tenha certeza de que a pessoa tem dinheiro de sobra e se sente confortável em emprestá-lo;
- Converse sobre cenários ruins que podem acontecer e como as duas partes vão lidar com a possibilidade de que você tenha dificuldades em pagar o que deve;
- Ofereça e concorde em pagar juros de mercado pelo empréstimo;
- Tenha um documento por escrito assinado por ambas as partes, e também por uma testemunha neutra;
- Pague o empréstimo o mais rápido que puder, e antes da data prometida;
- Seja muito grato e disponha-se a retribuir o favor algum dia.

33

ASSUMA ALGUNS RISCOS

"O risco mais perigoso é não assumir nenhum risco."

Ficar rico envolve riscos. Como regra geral, quanto maior for o retorno potencial de um bem patrimonial ou investimento, maior é o risco de esse retorno não ser alcançado. Tipicamente, a probabilidade de flutuações no montante do retorno aumenta com investimentos de maior retorno.

Em uma das extremidades do espectro, você pode deixar seu dinheiro em um banco tradicional e receber uma taxa de juros pequena, mas que é 100% garantida. Na outra extremidade estão startups, as empresas de tecnologia que têm alta probabilidade de naufragar e nas quais o alto risco de perder o seu dinheiro é contrabalançado por retornos potencialmente grandes para os poucos sortudos que conseguem receber cem vezes o valor de seus investimentos quando a firma abre o seu capital com uma oferta pública inicial na bolsa de valores.

Não há uma maneira totalmente segura de aumentar o valor da sua riqueza. As probabilidades podem variar, mas qualquer coisa que tenha valor financeiro pode cair:

- Ações podem perder seu valor ou, pior, a empresa pode falir;
- Preços de imóveis podem cair ou um imóvel pode se desvalorizar devido a afundamentos no terreno ou novas construções nas proximidades;
- Toda espécie de produtos financeiros, desde derivativos até *swaps* cambiais, pode fazer você perder dinheiro, perder totalmente o valor ou, pior, pode lhe custar o dinheiro que tem;
- Ouro, títulos do Tesouro, títulos da dívida pública e outros investimentos considerados como "seguros" podem perder valor;
- O dinheiro vivo pode parecer uma aposta segura, mas a inflação alta pode fazer com que ele perca seu valor real;

- Bens patrimoniais físicos, tais como obras de arte, podem ser roubadas ou danificadas.

> Se você quer riqueza, vai ter de assumir alguns riscos.

ENTRE EM AÇÃO

Quanto tempo você tem?

Seu nível de tolerância a riscos vai variar dependendo dos seus planos; você pode estar planejando se aposentar daqui a um ano ou daqui a vinte anos, por exemplo. Quanto mais tempo você tiver para construir sua riqueza, mais oportunidades terá para buscar retornos mais altos com um nível maior de risco. Se as coisas derem errado, você ainda vai ter tempo de recuperar as perdas.

Por outro lado, se você tem menos anos para aumentar sua fortuna, é preciso ter cautela. Tome cuidado com a ideia de colocar alguma parte do seu dinheiro em investimentos de alto risco: uma taxa de juros fixos de 3% ao ano oferecida pelo seu banco local, neste momento, pode parecer bem atraente.

Explore a sua tolerância ao risco

Assumir riscos lhe é algo natural? Ou você é uma pessoa avessa a riscos? Se prefere apostar na segurança, pode ser necessário sair da sua zona de conforto; por outro lado, se você é uma pessoa muito arrojada e mergulha de cabeça em riscos, talvez precise conter sua empolgação de vez em quando.

Pondere os riscos dos seus investimentos

Talvez isso pareça um pouco mais técnico, mas a ideia é muito simples. O objetivo é ter uma variedade de investimentos, alguns com uma combinação de alto risco e alto retorno, e outros com um retorno mais garantido, embora menor. Se o seu portfólio de investimentos desejado é variado e complexo, peça ajuda a um consultor financeiro, um investidor particular ou contador para ajudá-lo a criar uma carteira adequada de investimentos de alto e baixo risco.

34

CUIDADO COM OSCILAÇÕES DA MOEDA

"Tudo o que sobe, sempre desce... Mas nunca quando você espera que isso aconteça."

Você pode perder até mesmo as roupas do corpo quando uma taxa de câmbio se vira contra você. Eu conheci uma pessoa que tinha um apartamento amplo em Hong Kong. De olho nas baixas taxas de juros do Japão, um consultor financeiro especializado em imóveis recomendou que ele trocasse seu financiamento, que era estipulado em dólares de Hong Kong (HK$), para um contrato estipulado em ienes japoneses. Então, o valor das parcelas do financiamento caiu da noite para o dia e tudo ficou bem até o ano seguinte, quando o iene se valorizou em relação ao HK$. De repente, ele precisou conseguir mais HK$ para poder converter para ienes para saldar as parcelas do financiamento. O iene ficou tão forte perante o dólar de Hong Kong que ele teve de pagar muito mais do que se tivesse simplesmente mantido o contrato de financiamento em HK$.

Muitas pessoas são atraídas por oportunidades que "poupam dinheiro", mas há um potencial enorme para que as coisas deem errado. Em um mundo em que as moedas e taxas de câmbio sobem e descem constantemente, é impossível prever com 100% de certeza como elas vão oscilar no decorrer do tempo. É perfeitamente possível ter um bem patrimonial (a sua casa) e fluxo de renda (salário e renda de aluguel) em uma moeda (por exemplo, dólares de Hong Kong ou libras) e uma dívida ou obrigação (financiamentos imobiliários) em outra (como ienes ou francos suíços), mas é impossível prever se você vai ganhar ou perder dinheiro no decorrer do tempo.

Os mesmos riscos se aplicam a empresas que vendem para outros países (ou seja, que exportam) e/ou que compram matérias-primas e serviços do exterior (ou seja, que importam).

Se você estiver investindo ou tocando uma empresa desse tipo, é preciso conhecer quais são os riscos da moeda. As importações podem ficar mais caras quando sua própria moeda se enfraquece (ou se deprecia), enquanto a sua receita de vendas cai quando sua moeda cresce (ou se valoriza).

Da mesma maneira, há riscos em investir seu dinheiro em fundos e produtos financeiros lastreados em moeda estrangeira. Se a moeda do seu país se desvaloriza, o investimento vale menos quando é convertido de volta.

> Se tiver dúvidas, mantenha o seu dinheiro em moeda local.

ENTRE EM AÇÃO

Controle seus impulsos
Tome cuidado com grandes oportunidades envolvendo diferentes países e moedas. Seu contador ou consultor financeiro pode oferecer taxas de juros menores em um país diferente ou retornos maiores em outro, mas exerça a cautela.

Mantenha as coisas simples e faça "*matching*"
Como orientação geral, é bom se certificar de que qualquer bem patrimonial e empréstimos sobre esses bens estejam na mesma moeda que as fontes de renda usadas para poder pagá-los. Isso é chamado de "*matching*" e pode evitar muitas dores de cabeça.

Nos casos em que você precisa investir, comprar ou vender em outros países, pode praticar o *hedging* de moeda estrangeira. Em sua forma mais simples, esse tipo de investimento envolve pagar uma taxa para o seu banco para comprar moeda estrangeira em uma taxa de câmbio fixa e pré-determinada. Alternativamente, você pode comprar qualquer moeda estrangeira que seja necessária antes do exigido se a taxa de câmbio estiver a seu favor e "trancá-la" em uma taxa de câmbio previamente conhecida.

De certa forma, isso é o que você já faz quando compra moeda estrangeira para as suas férias anuais, algumas semanas ou meses antes de viajar.

Entenda os cálculos envolvidos com a movimentação das taxas de câmbio

A subida e a descida das moedas é algo que pode causar bastante confusão. Quando este livro foi publicado no Brasil, US$1,00 equivalia a R$5,66. Isso significa que R$1,00 equivale a US$0,18. Quando o dólar se valoriza em relação a outra moeda (por exemplo, o real), isso significa que ele equivale a uma quantia maior nessa outra moeda.

35

MANTENHA O CONTROLE

"Quando você abre mão do controle, está abrindo mão da sua liberdade em troca de ganhos por um período curto de tempo."

Não importa o quanto você esteja desesperado para conseguir mais dinheiro, tente não abrir mão do controle exercido sobre algumas coisas, seja em numa empresa ou em parte do seu patrimônio, tais como imóveis ou até mesmo uma coleção de vinhos. Se o fizer, você vai ter de compartilhar todos os seus ganhos futuros, os ganhos sobre vendas e o sucesso nos anos que virão.

Há muitas histórias sobre pessoas que aceitaram investimentos de parceiros de negócios quando chegaram a um beco sem saída com os bancos.

Uma pessoa que conheço fez um acordo doando metade das ações da sua empresa para dois conhecidos em troca de dinheiro suficiente para financiar a permanência e o crescimento do seu negócio. A empresa agora cresceu e se transformou em uma companhia multimilionária, e os investidores, que têm pouco envolvimento com a firma, desfrutam de 50% dos lucros.

Tome cuidado quando abrir mão do controle. Se você se desfizer de uma parcela muito grande das suas ações, não vai mais poder tomar decisões sozinho e não poderá agir sem a aprovação e a concordância de outra pessoa.

Você pode vir até mesmo a se ressentir do quanto abriu mão para aquilo que, analisando em retrospectiva, talvez tivesse sido um investimento pequeno.

> Você vai se arrepender de ter vendido o controle acionário do seu negócio?

ENTRE EM AÇÃO

Procure por meios alternativos de financiamento
Abrir mão do controle acionário deve ser o seu último recurso. Antes de chegar a esse ponto, explore as seguintes opções:

- Faça um empréstimo, mas tome cuidado com ofertas em que as altas taxas sejam atribuídas por agiotas. O ideal é conseguir o empréstimo com uma instituição financeira de confiança;
- Outras formas de financiamento. Talvez seus clientes possam pagá-lo com mais rapidez ou seus fornecedores possam estender seus prazos se você negociar e oferecer incentivos;
- Perceba que financiamentos imobiliários envolvem deixar que um banco ou uma construtora assuma direitos ou uma cláusula de sequestro de bens sobre o seu imóvel. O banco não se torna automaticamente o dono do seu novo imóvel, mas tem a possibilidade legal de fazê-lo. Isso é muito diferente de dar a alguém, de maneira direta e permanente, uma porcentagem das ações da sua empresa em troca de fundos para expandir seu negócio ou impedir que ele afunde.

Negocie com afinco
Se você tiver mesmo de abrir mão de ações em troca de dinheiro, mantenha a porcentagem de ações à venda em um patamar absolutamente mínimo. Procure conseguir um alto valor pelas ações da sua empresa. Pense em como você vai se sentir no futuro em relação ao acordo que fizer hoje. Pode até mesmo ser melhor rejeitar essa ideia e, em casos extremos, fechar as portas da sua empresa, em vez de ser obrigado a trabalhar com um novo acionista majoritário.

Inclua uma cláusula de recompra em seu contrato
Tente negociar o direito de recomprar as ações das quais está abrindo mão em qualquer contrato com novos acionistas. Acerte, antes da assinatura do contrato, como o preço das ações (no futuro) será calculado e acordado.

36

NÃO CONTE COM OS OVOS
ANTES DE A GALINHA BOTAR

"Não venda os sacos de salgadinhos antes de colher e descascar as batatas."

Tome cuidado ao contar os lucros no papel, contratos assinados com clientes, ganhos de investimento não realizados e outras formas de renda ainda não recebida, como dinheiro vivo e riqueza. O seu dinheiro real e os retornos podem ser bem menores, podem demorar para chegar ou até mesmo ser impossíveis de se materializar. Lembre-se:

- Nem todo cliente paga todos os seus fornecedores na data certa ou paga o total do que é devido;
- Contratos talvez não valham muito mais do que a folha em que estão impressos;
- Sua oferta de um novo emprego com um alto salário pode ser cancelada;
- Ganhos de investimentos no papel podem desaparecer da noite para o dia;
- Lucros no papel podem não se transformar diretamente em dinheiro na mão.

Nunca trate as quantias a receber como dinheiro de verdade, nem as use antes de realmente ter a posse delas.

Uma empresa da qual você seja o fundador ou acionista pode ser muito lucrativa, mas também ter muitas dívidas e nenhum dinheiro no banco. É muito comum deparar-se com um fluxo de caixa negativo, e isso pode ocorrer por vários motivos:

- Clientes que não pagam no prazo acertado;
- Muito dinheiro preso em ações que não foram vendidas;
- Investimentos feitos em bens patrimoniais improdutivos.

Se você for acionista em uma empresa altamente lucrativa, pode até sentir que está rico, mas a história vai ser bem diferente se a empresa estiver muito endividada, a ponto de ser forçada a declarar falência para pagar seus credores.

> Se o fluxo de renda não chegou, não se comprometa a gastá-lo.

ENTRE EM AÇÃO

Não gaste ou use dinheiro que não esteja 100% garantido
Tome cuidado para não fazer planos ou assumir compromissos que envolvam dinheiro que você ainda não tem em mãos, tais como:
- Dívidas que você tem a receber de um cliente ou amigo;
- Dividendos recebíveis de uma empresa da qual você é dono, mas que têm seu pagamento adiado em razão de problemas de fluxo de caixa;
- Um novo contrato de trabalho ainda não assinado ou um novo emprego no qual você ainda não começou a trabalhar.

A vida é frágil, as coisas mudam, as pessoas fazem promessas falsas e fazem joguetes. Não se arrisque a ficar descoberto assumindo compromissos que não pode honrar. Não celebre um excelente novo emprego com a compra de um carro elegante, pois seu contrato pode ser rescindido após o período de experiência.
- Evite agir apressadamente. Pare, seja paciente e, se estiver em dúvida, espere;
- Nunca fique ambicioso demais ou ostente o que tem;
- Tenha a certeza de que você tem todos os fundos de que precisa antes de usá-los.

37

CONSTRUA PONTES

"As pessoas milionárias procuram relacionamentos e redes de contato. Todas as outras procuram simplesmente receber um cheque de pagamento."

Quando foi a última vez que você conversou com uma pessoa pela primeira vez? Ter pessoas ao seu lado pode transformar suas perspectivas de riqueza. Em sua autobiografia, Eugene O'Kelly, o falecido presidente da empresa mundial de contabilidade Ernst & Young, relata a história de estar tão determinado a conhecer um possível cliente importante que mandou seu assistente reservar uma passagem de avião com um assento específico apenas para conseguir se sentar ao lado do cliente em potencial.

Algumas pessoas fazem o possível para conseguir um encontro casual. Assim, pense no tipo de pessoa que pode ajudá-lo. Elas em geral:

- São bem-sucedidas, ricas e podem lhe ensinar várias coisas;
- Têm uma mentalidade muito positiva, do tipo "tudo é possível", e podem ajudar a aflorar suas melhores qualidades e características;
- Têm expertise e são uma fonte de ideias e conselhos sobre tópicos que você precisa saber a respeito;
- Têm uma rede incrível de contatos aos quais você pode ser apresentado no futuro.

Você pode achar que o desafio de tentar conhecer pessoas seja grande demais ou talvez se sinta desconfortável em fazer novas conexões. Definitivamente, isso não é fácil e requer prática, mas, se você sentir que é algo suficientemente importante, vai conseguir fazer.

> Redes de contatos têm poder: cuidar e expandir a sua é uma das melhores coisas que você pode fazer em sua missão de construir riqueza.

ENTRE EM AÇÃO

A primeira impressão conta
Se você é uma pessoa extrovertida, pode ser natural passar seu tempo conectando-se com pessoas, mas não é tão simples se você for o tipo introvertido e reservado. Nesse caso, reflita e pratique como pode se apresentar, como vai descrever o que está tentando conquistar e como abordar o assunto referente ao tipo de ajuda e apoio que quer.

Participe de eventos sociais úteis
De quais tipos de eventos de networking você poderia participar? Abaixo, há algumas ideias iniciais:
- Eventos de networking com investidores e empreendedores de sucesso, tais como o YPO (que antigamente era conhecido como a Young Professionals Organization);
- Exposições e feiras específicas da sua área profissional;
- Eventos das câmaras de comércio;
- Cursos e workshops sobre diferentes aspectos de criação de riqueza.

Transforme isso em uma via de mão dupla
Quando fizer uma nova conexão, pense no que você pode oferecer em troca. Comece perguntando às pessoas como você pode ajudá-las e o que pode fazer para apoiá-las. Frequentemente dou conselhos nas áreas de coaching e liderança; você também tem habilidades e conhecimentos a oferecer.

Não se afaste
Quando tiver construído novas pontes, não permita que elas desmoronem. Esforce-se para manter suas conexões, permitindo-se criar uma amizade profissional.

38

INVISTA EM TIJOLOS E ARGAMASSA

*"Eu gosto de imóveis. Posso vê-los, senti-los
e tocá-los. Alguém sempre vai querer morar ou
trabalhar ali."*

É muito provável que você crie sua riqueza por meio de imóveis ou que ganhe dinheiro de outras maneiras e o use para comprar imóveis. Pessoas ricas ao redor do mundo têm imóveis como parte de seu portfólio de investimentos e patrimônio.

Imóveis existem em várias formas — casas e apartamentos individuais, condomínios residenciais ou prédios inteiros, imóveis comerciais que incluem terrenos, conjuntos comerciais, torres de escritórios e galpões.

Por que os imóveis são tão populares entre as pessoas ricas?

- Os preços dos imóveis costumam subir com o passar do tempo (embora, é claro, possam cair por causa de crises econômicas, excesso de oferta ou pelo estouro de uma bolha de preços imobiliários);
- Imóveis existem em várias formas e tamanhos e é possível encontrá-los em todos os lugares, podendo se adequar a todos os gostos e orçamentos, desde mansões caras até residências estudantis de baixo custo;
- Renda de aluguel normalmente é um retorno de boa porcentagem sobre o valor do imóvel e também é uma fonte confiável de renda passiva (sobre a qual você vai aprender mais adiante);
- Assim como o ouro, imóveis são um bem físico que não desaparecem facilmente — exceto no caso de desastres naturais como terremotos ou tsunamis. Bens patrimoniais físicos podem parecer mais seguros do que investimentos em papéis. Em países como os Estados Unidos e o Reino Unido, investimentos em imóveis são protegidos por uma legislação sólida. É difícil para alguém roubar sua casa ou fábrica;

- Financiamentos para ajudar na aquisição de imóveis estão prontamente disponíveis pelo menos em todas as economias desenvolvidas do mundo. Como resultado, você pode comprar um imóvel sem precisar pagar 100% do valor pedido no ato da compra;
- Há um mercado já estabelecido para compra e venda de imóveis na maioria dos países;
- Você pode morar e/ou trabalhar em um imóvel do qual seja dono.

> Investir em imóveis é uma das maneiras mais comuns de criar riqueza.

ENTRE EM AÇÃO

Construa um império imobiliário, um tijolo de cada vez

Comece pequeno, com um apartamento tipo quitinete se necessário, mas comece hoje, comprando qualquer imóvel que você tenha condições de adquirir. É melhor estar com um pé na escada imobiliária agora do que entrar mais tarde, quando os preços podem ter subido. Assim como a compra de um imóvel para morar, você pode começar com a compra de um segundo ou terceiro imóvel com financiamento bancário que pode gerar renda de aluguel e, se tudo der certo, os aluguéis cobrem as parcelas do seu financiamento imobiliário e também algumas outras despesas que você precisa bancar como proprietário.

Fique de olho na localização

Compre nos lugares certos. No caso dos imóveis, aqueles que estão localizados nos melhores lugares sempre se valorizaram e são vendidos sem demora.

Pesquise para encontrar os melhores financiamentos

O seu desafio é poupar dinheiro suficiente para dar como entrada e também para cobrir outros custos atrelados à compra. Quanto mais cedo você puder começar a poupar para custear a entrada, melhor. A menos que você tenha bastante dinheiro, é melhor contar com a ajuda de um banco para comprar um imóvel. Você só precisa entrar com uma porcentagem pequena, tal como 10% do preço de compra.

Obter um empréstimo ou financiamento imobiliário com um banco não é difícil. Tome cuidado com o financiamento que escolher e tenha muita cautela com as hipotecas em que é preciso pagar somente os juros durante um período, antes de começar a fazer os pagamentos relativos ao capital tomado como empréstimo.

Como o governo[2] pode lhe ajudar?

No Reino Unido, é possível recorrer a quaisquer planos governamentais que estejam disponíveis, tais como os programas para a compra do primeiro imóvel: Help to Buy, Right to Buy e Shared Ownership. Nos Estados Unidos, empréstimos para a compra do primeiro imóvel podem ser obtidos com a Federal Housing Administration. Tais empréstimos são considerados mais fáceis de se obter e são menos severos em termos de exigências quando comparados com produtos oferecidos por bancos. Outros países têm programas similares, tais como os apartamentos populares HDB em Singapura.

---

2 N.E.: No Brasil, o Programa Minha Casa Minha Vida conta com um subsídio oferecido pelo governo federal para financiar imóveis em áreas urbanas, pricipalmente para famílias de baixa renda. O programa popular é realizado pela Caixa Econômica Federal e prioriza famílias com o rendimento bruto de até R$1.800,00.

39

VEM FÁCIL, VAI FÁCIL

"Oriundo de uma vida pobre e de volta a uma vida pobre em três gerações."

A maioria das pessoas que herda riqueza a perde. De acordo com o Williams Group, uma empresa americana especializada em consultoria de riqueza, 70% das famílias consideradas ricas perderam toda a sua riqueza na segunda geração, e 90% na terceira. É uma história similar àquela de pessoas que ganham na loteria — muitas delas deixam o dinheiro escapar por entre os dedos, gastando tudo o que ganharam em poucos anos.

Em geral, o dinheiro que cai no seu colo, sem que exija qualquer esforço, é difícil de ser administrado, e muitas pessoas nessa situação não compreendem bem a ideia de usar esse dinheiro como capital a partir do qual você possa conseguir renda. Pelo menos, no caso de uma herança, você pode ter visto seus pais trabalhando duro para ganharem e manterem o dinheiro; assim, você tem um pouco de vantagem em termos de valorizar a riqueza.

Infelizmente, muitos não estão preparados para receber uma herança — com frequência porque nossos pais não confiam em nós ou porque não nos preparam o suficiente para isso. Tal situação se reflete em uma pesquisa publicada em 2015 pelo banco norte-americano US Trust, que descobriu que:
- 78% dos entrevistados disseram que seus filhos não eram financeiramente responsáveis o bastante para conseguirem lidar com uma herança;
- 64% haviam revelado muito pouco, ou nada, sobre sua riqueza para os filhos.

Não chega a surpreender que tantos países tenham histórias culturais sobre riquezas que são torradas por filhos e netos.

> Você realmente quer trabalhar muito para criar riqueza, sabendo que seus descendentes vão perder tudo?

ENTRE EM AÇÃO

Aprenda com os seus pais

Se você espera herdar riqueza, é bom prestar atenção em como seus pais criam, mantêm e ampliam aquilo que possuem. Observe, pergunte e entenda como eles gerenciam tudo. Isso pode incluir imóveis, portfólios de ações, relacionamentos com os bancos, questões de taxação e impostos, investimentos *offshore* e qualquer outra coisa que esteja envolvida com a riqueza deles.

Ofereça-se para ajudar seus pais e conhecer os desafios envolvidos. Peça para participar de reuniões importantes com eles, ou para ir a essas reuniões no lugar deles, por exemplo, com o gerente de relacionamento de um banco, um corretor de ações, um contador ou administrador imobiliário.

Tenha conhecimentos em finanças

O segredo para herdar riqueza com sucesso é ter o conhecimento e as habilidades certas. Você precisa saber o que não sabe, além daquilo que sabe. É preciso entender a necessidade de contar com ajuda e aconselhamento especializados e considerar a possibilidade de fazer cursos de finanças e gerenciamento de riquezas.

Trate o dinheiro como se você tivesse suado e trabalhado duro para conquistá-lo

Adotar a mentalidade correta não é fácil. Se tiver sorte, seus pais o terão criado com a mentalidade correta em relação ao dinheiro e, assim, saberá que deve pensar antes de agir, gastar com sabedoria e nunca investir de maneira imprudente. Se você não tem essas qualidades, ler este livro e praticar seu conteúdo vai ajudá-lo antes que você conquiste algum dinheiro.

40

DEMONSTRE GRATIDÃO

"Nunca se esqueça de quem o ajudou. Você nunca sabe quando um vai precisar do outro novamente."

A diferença entre o sucesso financeiro e o fracasso pode ser fina como uma folha de papel, e o resultado pode ser influenciado mesmo com a ajuda de apenas uma pessoa. Alguns dos bilionários de hoje ainda falam sobre momentos cruciais frequentemente apoiados em um simples gesto. O multibilionário Li Ka-Shing, de Hong Kong, é uma das pessoas mais ricas do mundo, dono de um vasto império de empresas e imóveis, mas na década de 1950 ele era um simples fabricante de flores de plástico. Ele falou que teve uma ajuda muito significativa de um fornecedor em particular que aumentou seus prazos de pagamento.

Todos nós podemos encontrar exemplos de pessoas que nos ajudaram a chegar onde estamos, mesmo que apenas por meio de orientação com um primeiro emprego ou com conselhos sobre investimentos. As coisas nunca são fáceis nos primeiros dias, quando você não tem o dinheiro ou o conhecimento necessário. Demonstrar gratidão e dizer às pessoas que elas tiveram um papel importante na sua vida é bom para você e bom para a pessoa que lhe deu uma ajudinha.

> Quem o ajudou? E quem você pode ajudar?

ENTRE EM AÇÃO

Reconheça as pessoas que o ajudam hoje

Talvez ainda não tenha encontrado a pessoa que vai abrir portas para você, mas, quando isso acontecer, prepare-se para agradecê-la e para continuar em contato. Tente retribuir de qualquer maneira possível. Um dos meus principais clientes me passou muitos negócios no decorrer dos anos, e pude retribuir de maneiras inusitadas — dando conselhos aos filhos dele sobre estudo e carreira, por exemplo. Tenha e demonstre gratidão, e reconheça que você não faz ideia de como e por que seus caminhos podem se cruzar novamente no futuro.

Mantenha contato com as pessoas que o ajudaram no passado
Tudo o que vai, volta. Mantenha-se em contato conscientemente, mesmo que apenas por meio de mídias sociais como Facebook, LinkedIn, Instagram e Twitter; ou então compartilhe artigos e ideias pelo WhatsApp ou por e-mail. Você vai descobrir que, se fizer isso, vai ajudar essas pessoas e, por consequência, desfrutar igualmente da ajuda delas, às vezes de maneiras incríveis.

41

LIMPE SEU PASSADO

"Cuide bem do seu crédito e ele vai cuidar bem de você."

Se há alguma coisa no seu passado capaz de impedir que você conquiste o sucesso financeiro, é hora de enfrentá-lo com a cara e a coragem. Exemplos como esses são mais comuns do que você imagina:

- Um histórico de crédito ruim: anos de faturas de cartão de crédito que não foram pagas podem voltar para assombrá-lo, criando problemas na hora de fazer empréstimos e pedir financiamentos muito depois daqueles eventos;

- Postagens controversas em mídias sociais: não se deixe prejudicar por coisas que você postou no passado, especialmente se podem ser consideradas ofensivas ou pouco inteligentes. Isso certamente vai afetar seus prospectos;

- Um currículo "maquiado": certifique-se de que os detalhes contidos em seu currículo sobre a sua trajetória profissional estão corretos, tanto quanto possível. Informações inexatas sobre remunerações passadas, cargos em que você trabalhou, atribuições ou as datas de início e término em determinadas funções serão descobertas e vão acabar levantando questões sobre a sua credibilidade como profissional.

Algumas coisas não podem ser mudadas — se você foi processado judicialmente ou se teve problemas com a polícia, não há muito o que pode ser feito. Mesmo assim, assegure-se de que verificou tudo o que estava ao seu alcance e que você apresenta uma face consistente para o mundo.

> Segredos sombrios nunca ficam ocultos para sempre.

ENTRE EM AÇÃO

Limpe seu histórico de crédito para conseguir empréstimos mais baratos
Registre-se como eleitor para confirmar que está apto a pedir um financiamento imobiliário. Se você não tem nenhum histórico de tomada de empréstimos, talvez seja difícil conseguir um financiamento; e, se conseguir, talvez tenha de pagar juros mais altos. Para conseguir um histórico de crédito, use um cartão de crédito e certifique-se de pagar o valor total da fatura a cada mês.

Limpe o seu histórico na internet
Não deixe que seus anos de atividade on-line voltem para assombrá-lo. Reveja todas as suas postagens antigas em mídias sociais, incluindo todo o seu histórico no Facebook — especialmente aquelas "curtidas" em postagens que, ao relê-las, você descobre que podem causar constrangimentos. Pense na possibilidade de fazer com que suas postagens antigas fiquem em modo privado e em desativar algumas das suas contas de mídias sociais.

Seja honesto em seu currículo
Se você exagerou nos títulos dos cargos que ocupou anteriormente, nas responsabilidades ou omitiu períodos em que esteve desempregado no seu currículo, é hora de fazer as devidas correções para mostrar a verdade. Se não concluiu a faculdade ou o curso que começou, seja sincero. Você já tem idade suficiente para assumir.

Resolva as questões jurídicas
Se há questões legais que podem ser resolvidas, faça isso. Com certeza é mais fácil dizer do que fazer, em alguns casos, mas se houver algum tipo de processo ou condenação contra você que possa ser resolvida, tome as providências para que isso aconteça.

42

TRANSFORME O FRACASSO NO SEU MELHOR AMIGO

"O sucesso está sempre à sua espera, além do horizonte dos fracassos."

Todos os anos, centenas de pessoas partem para conquistar o monte Everest, sabendo que podem retornar sem chegar ao cume. De acordo com a Himalayan Database, até dezembro de 2017, apenas 4.833 montanhistas haviam alcançado o cume. Em 2017, 39% fracassaram na escalada, e 288 pessoas morreram na montanha entre 1922 e 2017. Isso faz com que as pessoas deixem de tentar?

Tornar-se rico pode ser tão desafiador quanto escalar o monte Everest. A estrada para estruturar o seu patrimônio financeiro e os devidos retornos está marcada por perigos e pela possibilidade bastante real de fracasso: os preços dos imóveis caem, empresas vão à falência e o valor dos fundos mútuos desaba. Há exemplos de fracasso por todos os lados, mas, assim como o alpinista empenhado, concentre-se no seu objetivo. Aprenda o que puder com o fracasso e siga em frente.

> Muitos montanhistas que não conquistam o Everest na primeira vez retornam para tentar outra vez, e muitos que fracassaram em sua primeira tentativa conquistam o prêmio almejado porque se recusaram a parar de tentar.

ENTRE EM AÇÃO

Assuma seus medos

Temer é humano. Isso remonta à época em que vivíamos nas cavernas, quando a morte era uma possibilidade diária e estávamos desenvolvendo nossos instintos de "lutar ou fugir". Todas as pessoas bem-sucedidas têm medos contrabalançados com muita coragem e determinação.

Há três perguntas importantes e relacionadas que você precisa fazer a si mesmo para avaliar como agir com um investimento financeiro:

1. O que você tem medo de perder? Seja objetivo e honesto. Não importa se os seus temores parecem pequenos ou insignificantes. Não fique constrangido se achar que são triviais.

2. O que você deixaria de ganhar? Se não fizer um investimento ou se não aproveitar uma oportunidade financeira, quais são as vantagens e retornos que vai perder? O quanto essa renda é importante para você?

3. Qual é a pior coisa que pode acontecer? Se você estiver contemplando um investimento financeiro e seus piores medos se tornarem realidade, qual é o verdadeiro impacto no seu extrato bancário, na riqueza total e no plano para realizar seus sonhos?

Reduza o risco de fracassos catastróficos

Superar o seu medo do fracasso não significa ignorar riscos. Jamais deveria haver um cenário em que você possa perder tudo. Há muitas maneiras de evitar uma catástrofe como essa, incluindo aprender a administrar seus riscos, entender os perigos de colocar toda a sua riqueza em uma única aplicação e procurar conselhos sobre como proteger seus investimentos.

43

CRIE SUA PRÓPRIA SORTE

"A sorte é um prato modesto, feito com alguns ingredientes bem simples: planejamento, determinação e trabalho duro."

Pessoas ricas tendem a ser pessoas de sorte. Mas há um padrão de bonanças em pessoas muito bem-sucedidas que é mais profundo do que apenas ganhar aleatoriamente um prêmio na loteria. Elas têm a tendência de contar com golpes de sorte consistentemente ou percebem-se no lugar certo e na hora certa, como o investidor que é convidado a ser sócio de uma startup de tecnologia desde o primeiro dia de atividades ou o corretor de ações que vende sua participação acionária em uma empresa logo antes de o preço das ações despencarem.

Richard Wiseman é professor de psicologia. Ele estudou o tema e descobriu que a sorte que tem está relacionada a quanto esforço você faz para perceber oportunidades e agir de acordo com elas. E é exatamente isso que as pessoas ricas fazem. Elas se colocam em situações em que há maior probabilidade de conseguirem uma onda de sorte. Elas criam oportunidades e estão preparadas para aproveitá-las.

> Ter sorte é algo que se traduz em trabalhar com empenho e usar sua iniciativa, intuição e inteligência.

ENTRE EM AÇÃO

Saia com mais frequência

Que oportunidades você precisa criar para conquistar suas ondas de sorte? Eu tive a "sorte" de poder contar com a ajuda do escritor e coach empresarial Marshall Goldsmith, que escreveu o prefácio do meu último livro. Isso aconteceu porque o procurei e dediquei algum tempo para conhecê-lo. Quem você precisa conhecer e de quais eventos precisa participar para criar esse tipo de oportunidade?

Não existem limites para a loucura quando estamos buscando nossa própria sorte. Tudo que precisamos é de maneiras inovadoras de pensar para criar a oportunidade. Quinze anos atrás, quando eu morava em Hong Kong, estava louco para me encontrar com David Beckham e seus companheiros do Real Madrid que estavam na cidade. Criei minha própria sorte entrando em contato com a Federação de Futebol de Hong Kong e me oferecendo para trabalhar como intérprete do time visitante gratuitamente. Eles aceitaram e, como resultado, passei algum tempo socializando com David e os outros astros do futebol. Não houve nem um grama de sorte envolvido — bem, com exceção da sorte de ter aprendido a falar espanhol quando trabalhei na América do Sul.

Seja otimista e acredite
Comece a dizer a si mesmo que você merece ter sorte. Você precisa acreditar nisso com cada centímetro do seu corpo. Pode parecer loucura, mas há estudos que respaldam isso. Quantas pessoas negativas você conhece cujas vidas estão repletas de sorte e momentos fortuitos? A conclusão do estudo que Richard Wiseman desenvolveu ao longo de dez anos é que a sorte é uma profecia autorrealizável, e que muito da sua boa ou má sorte é o resultado do seu modo de pensar.

44

FIQUE DE OLHO NO SEU BALANÇO PATRIMONIAL

"Sempre fico embasbacado quando converso com pessoas que não têm noção do valor do seu patrimônio."

Imagine que você é uma empresa chamada de "Você Ltda." ou "Você S/A". Quais tarefas isso envolveria? Entre as mais importantes estão ter um registro do seu desempenho financeiro, manter os registros monetários e produzir os relatórios dos mesmos. Uma empresa normalmente cria três relatórios: uma declaração de lucros e perdas, uma declaração de fluxo de caixa e um balanço patrimonial. Vendas, despesas e lucros são registrados na declaração de lucros e perdas. Isso mostra o quanto as atividades que a empresa desenvolve são lucrativas. A declaração de fluxo de caixa registra as entradas e as saídas de dinheiro. Ambas são essenciais, mas o mais importante é conhecer os detalhes do seu balanço patrimonial.

O balanço patrimonial lista todas as coisas que a empresa possui (o patrimônio) e tudo o que a empresa deve às outras (as chamadas pendências). Somadas, essas informações dão o valor patrimonial líquido da empresa, que corresponde ao valor da companhia naquele momento. Aqui está o exemplo de uma empresa com valor patrimonial de R$100 mil.

Patrimônio fixo (em milhares)		Pendências fixas (em milhares)	
Imóveis	R$150	Empréstimo (hipoteca)	R$120
Máquinas	R$200	Outros empréstimos de longo prazo	R$180
Veículos	R$50		
Equipamentos de T.I.	R$40		
Total do patrimônio fixo	R$440	Total de pendências fixas	R$300

Patrimônio atual (em milhares)		Pendências atuais (em milhares)	
Dinheiro no banco	R$10	Impostos (devidos)	R$10
Clientes (contas a receber)	R$20	Fornecedores (contas a pagar)	R$60
Patrimônio atual total	R$30	Pendências atuais totais	R$70
Patrimônio total (fixos+atuais)	R$470	Pendências (fixas+atuais)	R$370
Valor patrimonial líquido = patrimônio total - despesas totais		R$470 - R$370	R$100

Obs.: Patrimônios e pendências "fixos" são de caráter de longo prazo ou permanente, tais como uma casa e seu respectivo financiamento hipotecário. "Atual" refere-se a coisas recebíveis ou pagáveis no curto prazo, tais como uma fatura de cartão de crédito.

ENTRE EM AÇÃO

Acompanhe e conheça o seu valor patrimonial líquido

Calcule hoje mesmo a sua riqueza total, levando em conta o que você possui (patrimônio) e as quantias que deve a outros (suas pendências). Tente calcular criando o seu próprio balanço patrimonial. Você pode fazer uma planilha no Excel ou usar uma dentre várias ferramentas on-line e aplicativos. Depois que criá-la, você pode mantê-la atualizada com facilidade.

Seu patrimônio são os bens que têm valor financeiro para você. É necessário registrar os valores de mercado de bens patrimoniais como sua casa, carro e investimentos. Suas pendências serão coisas como impostos a pagar ou as parcelas de um financiamento imobiliário.

Você pode ter dificuldade de se lembrar de todos os seus bens patrimoniais e pendências. Assim, aqui está uma lista dos itens mais comuns que costumam aparecer nos balanços.

Seus possíveis bens patrimoniais:
- Casa, terras e outros imóveis;
- Carro, motocicleta, barco;
- Equipamentos de informática;

- Mobília, ferramenta;
- Produtos financeiros (como ações, títulos, fundos mútuos);
- Balanço das contas bancárias;
- Pensão;
- O valor da sua empresa.

Suas possíveis pendências:
- Financiamento imobiliário (hipoteca);
- Financiamento estudantil;
- Financiamento de veículo;
- Empréstimos recebidos de familiares ou amigos;
- Cheque especial;
- Empréstimos consignados;
- Impostos a pagar;
- Quantias devidas a terceiros, como a fatura do cartão de crédito.

Tenha um objetivo para o seu futuro balanço patrimonial
Uma vez que conheça o valor atual do seu balanço patrimonial líquido, estabeleça um objetivo para si mesmo, pensando em quanto quer expandi-lo e em que período de tempo. Alinhe essa meta com os objetivos financeiros mais amplos que você mapeou no capítulo 3.

45

MANTENHA SUA INTEGRIDADE INTACTA

| *"Sucesso construído sobre areia movediça não vale nada."*

No fim de 2018, o CEO das empresas Nissan, Renault e Mitsubishi foi demitido. Sendo um dos principais líderes empresariais do mundo, Carlos Ghosn foi incrivelmente bem-sucedido em seu cargo, ganhando milhões no decorrer da última década enquanto guiava seu grupo de montadoras automotivas rumo ao triunfo. Sua queda foi inesperada e baseada em alegações de que ele teria mentido para as autoridades fiscais sobre o tamanho do seu salário. Ele é um exemplo dentre muitos outros de uma pessoa cujo sucesso foi construído sobre areia.

É tentador buscar atalhos no processo de construção da riqueza. Há diversas maneiras pelas quais as pessoas acabam agindo sem integridade:

- Maquiar resultados de vendas, ganhos financeiros e outros valores para garantir que vão receber integralmente o seu abono anual, um aumento de salário ou uma promoção na empresa;
- Vender um carro fingindo que ele está funcionando perfeitamente, quando, na verdade, não está;
- Alegar ter uma qualificação em particular para conseguir um cargo com melhor salário;
- Mentir para bancos, investidores, clientes, fornecedores ou familiares para conseguir um empréstimo, vender produtos de procedência ou qualidade duvidosa ou atrasar pagamentos devidos.

Sempre mantenha a sua integridade intacta. Nunca tome atalhos.

> Lembre-se: tudo o que você tem é a sua reputação.

ENTRE EM AÇÃO

Fique de olhos abertos

Seja observador e cauteloso, não se permitindo agir com qualquer forma de mentira. Tome sempre cuidado para lapsos em potencial na integridade e na ética. Isso pode assumir muitas formas, desde alguém que lhe oferece dicas incríveis de investimentos que você suspeita que possam ser caracterizados como uso de informações privilegiadas ou o seu chefe lhe estimulando a aumentar artificialmente os números das vendas no fim do ano.

Ao se deparar com situações como essas, esteja pronto para recusá-las e se afastar dessas pessoas. Se houver a oportunidade, esteja pronto também para denunciá-las às autoridades relevantes.

Oriente as outras pessoas

Ajude a fazer com que as outras pessoas continuem sendo honestas, lembrando-as e encorajando-as a agir com integridade.

46

SE NÃO ESTIVER QUEBRADO...

*"Toda vez que eu tento ajustar alguma coisa
que está funcionando bem, essa coisa para
de funcionar."*

Dois especialistas em finanças comportamentais, Brad Barber e Terrance Odean, estudaram o desempenho de milhares de *day traders* americanos e descobriram que aqueles que faziam mais *day trading* eram os que conseguiam os menores lucros.

Há momentos em que a tendência de fazer ajustes pode ser um ponto forte, quando um afinco maior em aprimorar ou reorganizar componentes pode ser muito útil. O perigo é que, se você começar a aplicar automaticamente essa tendência às suas finanças, ele pode levar a resultados menores. Se aceitasse cada conselho financeiro e agisse de acordo, preocupado em não deixar passar a próxima oportunidade financeira, você iria à falência em pouco tempo.

Desenvolver a paciência e uma perspectiva de longo prazo é a melhor garantia de sucesso, de modo que você não se sinta compelido a mergulhar de cabeça em toda "grande ideia".

> Às vezes é melhor simplesmente deixar tudo do jeito que está.

ENTRE EM AÇÃO

Seja estruturado e sistemático

Você está investindo para o longo prazo. Por isso, lembre-se: em muitos dos casos envolvendo dinheiro, "preparar e esquecer" é o melhor curso de ação. Lembre-se de que mais atividades envolvendo o seu dinheiro não significa necessariamente ganhar mais dinheiro.

Se você tem bastante dinheiro sobrando, pode até se arriscar com algumas ideias de difícil realização, mas, presumindo que não tenha tanto, é melhor abordar a questão de maneira diferente.

- Explore o quanto você se sente confortável com os seus investimentos atuais. Entenda os riscos e o retorno envolvidos em cada um deles e reconheça as razões pelas quais você continua a investir nessas opções;
- Decida quais investimentos você realmente quer manter e quais pode liquidar para liberar o dinheiro e usá-lo em oportunidades novas e melhores;
- Quando você souber de novas oportunidades, decida se elas lhe serão interessantes. Se for o caso, faça sua lição de casa e investigue os prós e contras;
- Se parecer que é um bom uso dos seus recursos, liquide um dos investimentos de menor retorno, um dos menos importantes e use o dinheiro vivo que você tem guardado ou os empréstimos que tomou.

Às vezes você precisa consertar o que não está quebrado

Se você prevê problemas no futuro em relação a um investimento em particular, ajustar a sua exposição faz sentido em termos de negócios. Por exemplo, o mercado imobiliário pode estar numa situação estável agora, mas se você acredita que os preços podem cair, então talvez seja melhor começar a vender.

47

VEÍCULOS USADOS SÃO UM INVESTIMENTO INTELIGENTE

| *"Valor — em um ano, existe; no outro, não mais."*

Certos bens patrimoniais costumam perder seu valor com muita rapidez — frequentemente de um jeito tão uniforme que pode ser facilmente previsto. Carros, por exemplo, seguem um padrão bastante previsível de declínio no valor de revenda, e o mesmo vale para itens como telefones celulares, geladeiras, máquinas de lavar louças, máquinas de lavar roupas...

	Carro	Geladeira
Preço do item na loja	R$10.000	R$200
Preço depois de 1 ano	R$8.000	R$130
Preço depois de 2 anos	R$6.000	R$60
Preço depois de 3 anos	R$4.000	R$30
Preço depois de 4 anos	R$2.000	R$0

É claro que os preços variam um pouco de acordo com o ano e com o país de fabricação, mas o padrão geral tende a ser o mesmo: quedas fortes e bastante previsíveis no valor de revenda. Contadores se referem a isso como depreciação ou amortização. A queda no valor reflete o uso e o desgaste, e carros e eletrodomésticos de linha branca (itens que atendem às necessidades básicas e feitos com medidas para o meio ambiente) são chamados de bens de alta depreciação porque estão sujeitos a uma quantidade enorme de desvalorização.

Você não precisa ser um gênio para perceber que não deve investir nesse tipo de item ou nas quais deve gastar muito dinheiro se quiser manter ou ampliar sua riqueza.

ENTRE EM AÇÃO

Por que pagar um valor premium?
Se você quer algo que sabe que vai rapidamente perder o valor, por que compraria uma versão nova desse bem? Sim, todos nós queremos as versões mais recentes das coisas que compramos, mas parece tolice agir dessa maneira o tempo todo.

Invista em bens de baixa depreciação
Quando pensar em investir o seu capital, afaste-se de qualquer coisa cujo valor certamente vai cair. Todos os investimentos aumentam e diminuem de preço por várias razões, mas é imprudente colocar seu dinheiro em bens que automaticamente perderão o valor.

Se carros ou discos de vinil são itens do seu interesse, então compre carros antigos ou discos antigos em condições perfeitas. Eles mantêm seu valor e podem até se valorizar com o passar do tempo.

48

ESTUFE O PEITO E SORRIA

"Só porque você não está falando, não quer dizer que não está se comunicando."

A linguagem corporal pode ser uma ferramenta poderosa para ajudá-lo a alcançar o sucesso financeiro. Uma pesquisa feita por Amy Cuddy, da Universidade de Harvard, e publicada na revista *Psychological Science* em 2018, concluiu que as pessoas que adotam uma postura altiva ou poderosa sentem-se e agem como se fossem mais poderosas do que aquelas que não o fazem. Basicamente, fazer a pose do Super-Homem — cabeça erguida, braços apoiados nos quadris ou longe do corpo — aumenta a sua sensação de ter poder.

Em um estudo anterior, também publicado na *Psychological Science*, dois psicólogos da Universidade da Califórnia em Berkeley, Michael Kraus e Dacher Keltner, descobriram que a linguagem corporal não verbal revela o status socioeconômico (SSE) de uma pessoa. O SSE é determinado por fatores tais como riqueza, carreira e instituições de ensino frequentadas.

Use a linguagem corporal em proveito próprio, tanto em relação a como vai se sentir como também às mensagens que ela envia para outras pessoas à sua volta. Poste-se sempre com a coluna ereta, fale claramente e sorria. Acima de tudo, não deixe que sua linguagem corporal o contradiga.

Neurocientistas na Universidade Colgate, em Nova York, descobriram que, quando os sinais não verbais não estão alinhados com o que você está dizendo, a sua mensagem verbal se perde. Em outras palavras, as pessoas simplesmente não escutam o que você está tentando comunicar.

> Aja como o Super-Homem e você poderá ser o Super-Homem.

ENTRE EM AÇÃO

Crie primeiras impressões incríveis
Pesquisas feitas por Janine Willis e Alexander Todorov descobriram que opiniões formadas em até um décimo de segundo estavam altamente correlacionadas com opiniões formadas sem qualquer limite de tempo. Em outras palavras, em uma quantidade ínfima de tempo, nós podemos decidir o quanto outra pessoa é confiável, séria, ambiciosa, autoconfiante ou resiliente.

Não interessa quem você precise impressionar, os primeiros segundos são a chave. As palavras diante de você — investidores, banqueiros, funcionários, clientes — vão formar uma impressão a seu respeito quase imediatamente. Portanto:

- Prepare-se bem. Pense em suas roupas, sapatos, cabelos e maquiagem;
- Sempre olhe nos olhos do seu interlocutor e tenha um aperto de mão firme. Um estudo feito pela Universidade de Iowa sobre candidatos que procuram emprego descobriu que apertos de mão fortes são percebidos de maneira mais favorável do que os frouxos;
- Nunca se sente com uma postura desleixada e não faça gestos que deem a impressão de que você está agitado ou nervoso. O site careerbuilder.com entrevistou 2.500 gerentes responsáveis por contratações e um terço deles citou que o nervosismo e a agitação de um candidato na hora da entrevista diminuem a probabilidade de contratação.

Observe a linguagem corporal das outras pessoas
Sempre que negociar com banqueiros, parceiros de negócios, investidores e funcionários, preste atenção neles também. Observe aquilo que eles não estão dizendo tanto quanto aquilo que estão dizendo. Se não souber ler a linguagem corporal dos seus interlocutores, você se arrisca a perder o conteúdo de metade da conversa.

49

EVITE DEIXAR SEU DINHEIRO TRAVADO

"A riqueza não é a quantidade de dinheiro que você tem. É a quantidade de escolhas e opções disponíveis para você."

Para que o seu dinheiro cresça, você normalmente paga o preço de não ter acesso instantâneo ou gratuito a ele. Essa é a diferença entre investimentos com e sem liquidez diária.

- O investimento com maior liquidez é uma conta-corrente num banco ou numa sociedade de crédito. A liquidez é alta, mas a taxa de juros que você recebe por isso é praticamente zero;
- Quando investe em imóveis, você só pode recuperar o seu dinheiro por meio de vendas ou fundos imobiliários. Se tiver pressa para usar o seu dinheiro, uma venda rápida pode significar vender a um preço inferior ao que normalmente seria o indicado;
- Você pode retirar o seu dinheiro de investimentos com data fixa para resgate, mas isso pode incorrer no pagamento de taxas ou, então, pior: você pode perder todos os juros que teriam sido recebidos no decorrer do tempo em que aquele dinheiro esteve depositado;
- Tirar dinheiro de fundos mútuos ou outras modalidades de investimento pode causar multas altas se você não puder se ater a um período de carência acordado em contrato;
- Alguns investimentos travam o seu dinheiro por anos. Uma anuidade é um plano de poupança sem liquidez que é frequentemente vendido junto a um seguro de vida.

Estar com o dinheiro travado em um investimento só é um problema quando você precisa desesperadamente dele ou se o investimento estiver perdendo valor e você quiser minimizar suas perdas.

> Cuidado com as letras miúdas do contrato.

ENTRE EM AÇÃO

Tenha noção de onde você está entrando
Evite ficar com seu dinheiro travado em um investimento, sem poder movê-lo ou sacá-lo quando precisar. Antes de assinar qualquer documento, sempre verifique as letras miúdas do contrato.

Quando criar o seu balanço patrimonial, acrescente uma seção de observações. Para cada um dos seus bens patrimoniais financeiros, acrescente um resumo que contenha o seguinte:

- Com que facilidade cada fundo, depósito bancário ou outra modalidade de investimento pode ser liquidada e o dinheiro pode voltar às suas mãos. Anote os períodos de carência, como o pedido deve ser feito (e com quanto tempo de antecedência) e para quem;
- Quaisquer multas ou taxas que decorram de retirar ou sacar seu dinheiro antes dos prazos acordados.

Agora você está pronto e preparado para o dia em que precisar movimentar seu patrimônio e investimentos com urgência.

Guarde um pouco de dinheiro vivo
Se grande parte da sua riqueza é um conjunto de investimentos sem liquidez, certifique-se de ter uma quantia suficiente em espécie — não embaixo do seu colchão, mas em uma conta-corrente em um banco ou sociedade de crédito.

Às vezes, é uma boa saída ficar com o dinheiro "travado"
Você pode decidir colocar uma parte do seu dinheiro em um investimento de longo prazo do qual não pode sacá-lo com muita facilidade. Assim, garantirá que o valor não será gasto.

50

RENDA PASSIVA É LIBERDADE

*"É ótimo quando você pode ganhar dinheiro
enquanto dorme."*

Suponhamos, apenas por um momento, que você não tenha mais condições de trabalhar. De onde virá a sua renda? Você consegue visualizar como vai sobreviver financeiramente? As pessoas ricas não têm esse tipo de preocupação. Quando elas param de trabalhar, sua renda continua sendo gerada. Elas não se preocupam em perder seus empregos e não serem pagas, e o segredo disso é a renda passiva.

A renda passiva, por sua própria natureza, é frequentemente regular e recorrente, mas pode não ser. Também pode ser variada em termos de tamanho ou mesmo timing. Exemplos de renda passiva incluem qualquer coisa da qual você possa extrair rendimento com pouco ou então nenhum esforço:

- Você reforma uma casa que comprou ou herdou, entregando-a a uma imobiliária para que possa disponibilizá-la para locação e gerencie os problemas que possam surgir no dia a dia com quaisquer inquilinos que venham a morar ali. Você se senta e recebe a renda do aluguel;

- Você investe em um fundo bem conhecido e de boa reputação, simplesmente recebendo atualizações trimestrais junto a um lucro anual (o retorno), que você pode deixar em sua conta para ser reinvestido ou então sacar para usá-lo como renda — assim como acontece com os juros compostos gerados em uma conta de investimentos;

- Você tem uma empresa que recebe dos clientes em um modelo de assinatura. Por exemplo, os clientes pagam uma anuidade para serem membros de uma academia de ginástica na qual você é um acionista silencioso (ou sem direito a voto), apenas recebendo pagamentos anuais em forma de dividendos.

> Renda passiva é um crescimento de capital gerado continuamente, mesmo quando você está dormindo.

ENTRE EM AÇÃO

Tenha um plano de renda passiva

O que é necessário para criar as injeções de renda passiva de que você precisa, de modo a criar fluxos de renda capazes de ajudá-lo a alcançar suas metas de vida e finanças sem ter de passar o tempo todo administrando o seu patrimônio? Comece com aquilo que desperta o seu interesse e está disponível para você:

- Alugar seus imóveis por meio do Airbnb;
- Investir em ações de empresas *blue chip* (ações com maior valor na Bolda de Valores) que tenham dividendos sólidos;
- Deixar quantias com um corretor de ações ou administrador de fundos, permitindo que eles movam o seu dinheiro de um investimento para outro de modo a maximizar o retorno e o crescimento do seu capital;
- Investir em algumas startups ou em pequenas ou médias empresas como investidor silencioso. A renda passiva pode não estar garantida, mas, se vier, pode vir em grandes quantidades.

Busque trabalhar somente algumas horas por semana

Uma vez que tenha determinado como vai criar fluxos de renda passiva, é preciso administrar o seu tempo e determinar quantas horas você quer passar por semana gerenciando e fazendo crescer esses fluxos de renda passiva e quanto você quer terceirizar para um corretor de ações, contador e/ou gerente de investimentos. Existem ferramentas para fazer o acompanhamento on-line, sites de investimentos e aplicativos para celular que você pode usar para reduzir e otimizar a sua carga de trabalho.

Não gaste o seu capital

O capital é a fonte da sua renda passiva. Cuide bem dele e o proteja. Você pode ter dificuldades para fazê-lo crescer, mas cuidado para não deixar que ele se desvalorize, seja por meio de gastos em coisas que não geram renda ou deixando de cortar suas perdas quando a desvalorização ocorrer.

51

SEJA UM EXPERT APAIXONADO

> *"Faça aquilo que ama fazer. Faça tão bem que as outras pessoas vão amar você por fazer isso."*

Se você quer ser rico, torne-se um expert. A expertise faz com que você possa maximizar aquilo que pode receber em qualquer situação, independentemente de estar trabalhando para os outros, de ser um profissional autônomo ou investidor em tempo integral. Funcionários experts são mais valiosos, há uma demanda maior por eles e seus salários são maiores; empresários experts são aqueles que administram as melhores empresas; e *day traders* e empreiteiros experts são aqueles que conseguem os maiores retornos.

Alcançar a expertise é algo que demanda prática e determinação. Você tem de passar seu tempo lendo, aprendendo e fazendo. A duração disso varia, mas nem sempre vai levar dez mil horas como normalmente se diz por aí. Tornar-se um expert é uma jornada e, assim como as jornadas são mais fáceis se você souber onde está, é preciso saber em que nível está quando estiver construindo expertise, a qualquer momento — e ser realista sobre o seu progresso consigo mesmo e com os outros.

> Fingir saber de tudo quando há dinheiro envolvido é uma maneira infalível de perdê-lo.

ENTRE EM AÇÃO

Qual é a sua expertise?

Bill Gates era um expert nos primeiros sistemas operacionais para o PC, e hoje se tornou expert em filantropia global e na solução de questões globais de saúde. J. K. Rowling é expert em escrever ficção. E você, em que ponto está a sua expertise, real ou potencial? Pense nas suas habilidades técnicas, mas não se esqueça também das *soft skills* — habilidades interpessoais —, como a comunicação.

Em seus primeiros anos, prefira ganhar expertise em vez de dinheiro
Entre os vinte e trinta anos, construir experiência, conhecimento e entender sobre dinheiro é o mais importante de tudo, já que isso é o alicerce da sua expertise futura e a base para que você crie valor e riqueza.

Aprecie o processo de se tornar um expert
A expertise vem com o tempo e a prática. É difícil dedicar tempo para fazer algo pelo qual você não tenha paixão, mas isso pode ser feito. Há muitos sócios em empresas de advocacia e contabilidade que não gostam do Direito ou da contabilidade.

Tenha cuidado nas áreas em que você não é um expert
Ao se aventurar em áreas nas quais não é um expert, esteja preparado para resultados abaixo do esperado. Você pode descobrir que está ganhando menos do que outras pessoas na sua área ou empresa, obtendo retornos menores sobre seus investimentos, lucrando menos com seus imóveis ou tendo dificuldades para fazer sua empresa decolar.

E, se nada mais der certo, pague outras pessoas para que coloquem a expertise delas para trabalhar para você.

52

NÃO FAÇA PARTE
DO REBANHO

| *"Não siga a multidão se a multidão for pobre."*

É difícil remar contra a maré. Os seres humanos gostam daquilo que os psicólogos chamam de comprovação social. Nós temos uma propensão maior a fazer alguma coisa se outros já fizeram antes. O psicólogo Jonah Berger, da Universidade da Pensilvânia, descobriu em seus experimentos que os participantes tinham uma propensão no mínimo 10% maior de comprar alguma coisa se soubessem que outras pessoas já haviam comprado anteriormente, em comparação com situações em que eles não eram informados sobre as preferências de outras pessoas.

Há uma coisa que deve ser mantida em mente em relação ao dinheiro, entretanto: se a maioria das pessoas estiver fazendo alguma coisa, pode ser interessante fazer o oposto. A maioria das pessoas não é bem-sucedida financeiramente, mas você vai ser. Por fim, se quiser ser um investidor sábio e criar riqueza, vai ser preciso tomar decisões.

> Às vezes você precisa fazer o que as outras pessoas estão fazendo; outras vezes, vai ser preciso seguir seu próprio caminho.

ENTRE EM AÇÃO

Analise com cuidado o que escuta e vê

Há algumas pessoas muito convincentes à nossa volta e pode ser difícil não se deixar levar por opiniões expressas de maneira eloquente:

- "Como assim? Você não tem ouro no seu portfólio? Em um mercado como este?";

- "Você comprou um imóvel na cidade? Com o mercado se desvalorizando desse jeito?";
- "Você ainda tem aquelas ações da ABC Ltda.? Eu vendi as minhas no mês passado e estou dormindo tranquilo, agora que a empresa está em dificuldades".

Ouça e processe qualquer conselho que receber, mas também tenha noção do seu próprio processo de tomada de decisão, seus próprios planos financeiros e sua tolerância ao risco.

Ser ou não ser "do contra"

Às vezes você precisa seguir o rebanho; outras vezes, é preciso nadar contra a correnteza. A dificuldade é saber quando. O que você faria nessas situações comuns?

- Uma empresa da qual você tem ações está indo à falência e o preço das ações está caindo. As massas estão vendendo suas ações. Você segue o rebanho ou nada contra a corrente?
- Um grupo renomado e tradicionalmente bem-sucedido da *Fortune 500*, da qual você tem ações, informou resultados de vendas muito ruins em seu relatório anual. O preço das suas ações cai conforme muitos investidores se livram das ações da empresa devido aos relatórios. Você segue o rebanho ou nada contra a corrente?

Em ambos os cenários é preciso estudar os fatos, ouvir conselhos e tomar uma decisão que funcione para o seu caso No primeiro exemplo, você pode decidir que é improvável que o preço das ações se recupere em um futuro próximo e não consegue justificar o apego às ações. Nesse caso, seguir o rebanho é a opção mais sensata. Por outro lado, no segundo exemplo, você pode decidir, por meio da sua análise, que o preço das ações e o desempenho da empresa vai voltar aos níveis anteriores de longo prazo e médias de resultados, apesar da queda atual. Nesse caso, nadar contra a corrente é a decisão certa para você: guardar suas ações e talvez até mesmo comprar mais para aproveitar a situação.

Ganhar a sabedoria para saber como agir envolve uma combinação de aprendizado, tentativa e erro e, talvez mais importante do que tudo, receber ótimos conselhos.

53

ÓTIMOS CONSELHOS TÊM SEU CUSTO

*"Se você acha que contratar um expert é
caro, tente arranjar dinheiro para limpar a
sujeira deixada por um amador."*

Caso quebre uma perna, você fica na cama e pesquisa no Google por remédios caseiros ou procura um médico? Ler sites médicos é definitivamente a opção mais fácil, mas será que é a mais eficaz? Com assessoria financeira a situação é igual. Com um problema simples, você pode até pesquisar no Google: "Qual dos bancos tradicionais oferece as melhores taxas de juros para a poupança?" ou "Quais plataformas on-line de comércio de ações são mais populares?" ou "Qual é o rendimento dos aluguéis dos apartamentos onde eu moro?".

Quando se deparar com questões maiores em relação ao dinheiro, você vai precisar de um aconselhamento mais profissional e preciso. E se você precisar fazer alguma das coisas abaixo?

- Entender as implicações fiscais de várias opções de investimento que estão diante de você?
- Avaliar sua tolerância ao risco?
- Conhecer a gama de opções financeiras à sua disposição?
- Explorar os prós e contras de sacar o dinheiro do seu fundo de pensão antecipadamente?
- Preencher sua declaração do imposto de renda ou fazer a contabilidade da sua empresa?
- Decidir como guardar sua riqueza — em seu nome, em nome de uma empresa ou em contratos fiduciários?

Não existe um serviço equivalente, abrangente e gratuito na geração de riqueza como existe na área da saúde. Você tem de estar pronto para pagar a fim de receber ajuda. No passado, isso talvez fosse algo questionável, mas os governos fazem um bom trabalho na regulação de conselhos financeiros nos dias de hoje, com instituições de acreditação tais como a Anbima, no Brasil, e regras para reduzir os riscos de ser vítima de fraude.

> Você está pronto para pagar por uma assessoria?

ENTRE EM AÇÃO

Comece agora

Pagar pequenas quantias na forma de tarifas pode ser um dinheiro bem gasto, especialmente se você vem construindo sua riqueza até o momento sem qualquer aconselhamento ou assessoria profissional.

- Analise a sua situação financeira diretamente com um assessor do seu banco;
- Pesquise opções para otimizar o financiamento da sua casa com um assessor especializado em hipotecas;
- Peça a um contador para ajudá-lo a avaliar ou completar a sua declaração anual de imposto de renda.

Avance para coisas maiores

Conforme você amplia sua riqueza, considere a possibilidade de buscar bons conselhos e assessoria de qualidade em tópicos como:

- Abrir uma conta bancária *offshore*;
- Transferir sua riqueza para um contrato fiduciário — *onshore* ou *offshore* — para minimizar legalmente as obrigações fiscais e para fazer com que o processo de herança transcorra mais tranquilamente;
- Receber aconselhamento profissional regular sobre mercados financeiros de um banco privado ou de uma empresa de corretagem de ações.

Procure e converse com pessoas. Hoje, você pode ser visto como alguém pequeno demais para ser aceito como cliente em certos bancos e empresas de corretagem se elas tiverem requisitos mínimos de investimento. Mas, se persistir, pode encontrar conselhos e ajuda de excelente qualidade, mesmo que seja apenas uma vez.

Monte um escritório de família

Um escritório de família é uma equipe profissional contratada para administrar a sua riqueza. Você pode não estar pronto para isso agora, mas assim que tiver acumulado riqueza suficiente e puder justificar as despesas, monte um.

No fim de 2018, o jornal *The Economist* publicou um artigo intitulado "Como os super-ricos investem", que dizia: "Embora passem praticamente despercebidos, escritórios de família se tornaram uma força nos investimentos, com cerca de 4 trilhões de dólares em patrimônio — mais do que os fundos de *hedge* (fundos multimercados) e o equivalente a 6% do valor das bolsas de valores do mundo".

54

HÁ HORA E LUGAR PARA TUDO

"É essencial compreender onde você está em sua jornada na vida, planejar-se financeiramente e agir conforme o plano."

Há seis estágios pelos quais tipicamente passamos em nossas vidas (e você deve adaptá-los à sua própria situação):

1. Você depende da sua família para bancar seus estudos, seja na escola ou na faculdade;

2. Você começa a trabalhar em seu primeiro emprego, pagando as contas, mas com dificuldades para conseguir poupar;

3. Você começa a criar riqueza quando se torna dono do seu primeiro imóvel e começa a compartilhar sua vida com um cônjuge;

4. Você tem filhos, investindo na educação deles enquanto aumenta sua carreira e riqueza;

5. Você vê seus filhos saírem de casa e aproveita os últimos anos da sua vida profissional, recebendo capital na forma de herança quando seus pais falecem;

6. Você se aposenta, cuidando da sua saúde e vivendo da sua aposentadoria e rendas de investimentos.

Em qual desses estágios financeiros você está? É importante saber onde você está hoje para poder entender sua situação financeira atual e ter noção das fases que ainda estão por vir. Se estiver na casa dos vinte ou dos trinta anos, pode ser muito difícil se imaginar como uma pessoa cujos filhos já cresceram e saíram de casa ou na fase da aposentadoria. Mas essas fases vão chegar.

Durante cada uma delas, suas entradas, saídas e o patrimônio líquido vão variar consideravelmente de um período para outro. É importante ter noção disso e incluir essas informações no seu planejamento financeiro, nas suas ações e no estabelecimento das suas metas.

> Durante cada fase da sua vida, proteja e aumente
> sua riqueza tanto quanto for possível.

ENTRE EM AÇÃO

Maximize o seu patrimônio líquido em cada estágio

Aqui estão algumas reflexões a considerar nos diferentes estágios da vida:

- Quando for estudante, pense sobre o quanto você será empregável quando estiver escolhendo cursos e onde vai estudar. Tente manter seus financiamentos estudantis no mínimo e procure empregos em que possa trabalhar nos fins de semana ou nas férias. Procure experiências profissionais que o ajudem a ser mais empregável;
- Quando estiver dando os primeiros passos em sua carreira, tente evitar gastar seu dinheiro em coisas materiais ou pagar um aluguel caro demais. Poupe automaticamente uma parte do seu salário a cada mês e mantenha a sua "mentalidade de estudante" de sempre procurar por promoções e vantagens na hora dos pagamentos. Viaje e aproveite a vida, mas faça isso com consciência em relação aos custos;
- Conforme seu salário cresce, decida se você vai pagar empréstimos pendentes (financiamento estudantil, parcelas da sua casa, financiamento do carro, dívidas do cartão de crédito) antes do prazo estipulado. Considere separar uma quantia maior para colocar em seu plano de aposentadoria além daquilo que seu empregador já deposita;
- Com seu marido ou esposa, decida se vocês vão unir suas finanças ou mantê-las separadamente. Planejem com cuidado como otimizar suas obrigações fiscais.
- Se tiver filhos, crie cadernetas de poupanças para eles e garanta quaisquer benefícios governamentais aos quais você tenha direito. Ensine seus filhos ainda crianças a respeito do dinheiro, sobre poupar e sobre finanças de modo geral;
- Quando seus filhos já estiverem crescidos e saírem de casa, você vai precisar tomar algumas decisões, como se vai continuar com a casa da família ou então se vai se mudar para um imóvel menor e

usar o restante do dinheiro da venda do primeiro imóvel para criar mais renda passiva;

- Considere se você é capaz de pagar todos os seus empréstimos, incluindo financiamentos hipotecários, antes de se aposentar.

55

DIFICULDADES NO CURTO PRAZO PARA TER GANHOS NO LONGO PRAZO

| *"Sacrificar um real hoje vai lhe dar dois reais amanhã."*

Você não vai construir sua futura riqueza se levar uma vida mansa hoje. Há uma concepção errônea muito comum que diz que é melhor tomar o máximo de dinheiro emprestado possível agora, obter o maior financiamento imobiliário que conseguir e dividir no máximo de parcelas possíveis para pagar tudo num futuro bem distante. Mas você quer realmente dar ao seu "eu do futuro" o desafio contínuo de pagar os empréstimos que tomou hoje?

Vamos imaginar que você e seu cônjuge querem comprar uma casa no valor de R$500 mil. Vocês têm R$50 mil em economias para pagar como entrada, outros R$50 mil em vários investimentos financeiros e uma quantia suficiente para pagar as taxas legais e demais custos. Combinando os salários, vocês têm condições pagar de parcelas mensais no valor de até R$3 mil, mas um valor de R$2 mil por mês seria muito mais confortável e não afetaria o seu estilo de vida. Vamos imaginar uma taxa de juros fixa para o financiamento de 4%.

Qual plano de financiamento parece ser o mais apropriado?

Opção	Empréstimo tomado	Dinheiro próprio investido	Anos para pagar	Parcela mensal	Tortal de juros pagos
A	R$450.000	R$50.000	30	R$2.148	R$323.413
B	R$400.000	R$100.000	30	R$1.910	R$287.578
C	R$450.000	R$50.000	20	R$2.727	R$204.459
D	R$400.000	R$100.000	20	R$2.424	R$181.741
E	R$450.000	R$50.000	10	R$3.329	R$149.147
F	R$400.000	R$100.000	10	R$2.959	R$132.575

Há algumas grandes decisões a serem tomadas aqui em relação a quanto dinheiro tomar emprestado, durante quanto tempo e até quando estender as parcelas mensais. Para ajudar a responder a essa pergunta, tente dar um pouco de contexto a ela: daqui a trinta anos, você vai agradecer a si mesmo pelas decisões que tomou hoje?

> Você tem de fazer sacrifícios hoje para garantir sua riqueza no futuro.

ENTRE EM AÇÃO

Decida quanto sofrimento você é capaz de aguentar no curto prazo
Neste exemplo, pense no seguinte:

- O quanto é importante manter a sua renda mensal disponível para gastos de modo a manter o seu estilo de vida? Você pode abrir mão de gastar hoje para pagar mais rapidamente o seu financiamento imobiliário? É provável que você ou seu/sua companheiro/a recebam promoções no emprego e aumentos no salário durante os próximos dois ou três anos, fazendo com que seja mais fácil bancar os pagamentos futuros do que são hoje?

- Os retornos sobre R$50 mil em outras opções de investimento são mais interessantes? Se usar esse montante para a compra da casa, quais outros retornos você perde? Se investir todos os 100 mil disponíveis, como vai lidar com algum imprevisto, quando precisar do dinheiro?

- Ter trinta anos para pagar o financiamento em vez de quinze ou vinte anos faz uma diferença enorme em termos de juros totais pagos e também lhe dá valores diferentes nas parcelas anuais. Se pensar na situação como um todo, você se sente melhor pagando o empréstimo num prazo menor ou esperando os trinta anos? Tenha em mente que, dependendo da sua idade, você talvez já tenha se aposentado antes de conseguir quitar a dívida.

Entenda os benefícios de pagar o seu financiamento imobiliário mais rapidamente. É importante considerar todos os benefícios de pagar sua dívida em um período mais curto:

- Você vai ser o proprietário definitivo do imóvel mais rápido. Todo o valor do imóvel se transforma em patrimônio;
- Você terá pago mais do valor principal quando decidir vender. Essa é uma das principais razões para nunca contratar financiamentos imobiliários hipotecários nos quais se pagam apenas os juros durante um determinado período. Não importa o quanto possam parecer atraentes nos primeiros anos, o montante principal não terá sido pago porque todo o seu dinheiro foi usado para pagar apenas juros;
- Pagar mais juros a cada mês lhe dá um benefício fiscal de poder descontar os pagamentos de juros da sua renda pessoal.
- Se os preços dos imóveis caírem, espera-se que você tenha uma dívida patrimonial líquida menor do que se estivesse pagando as parcelas do seu financiamento mais lentamente. Em outras palavras, você terá uma chance menor de vender por um preço menor do que a quantidade que ainda deve ao banco;
- Se tiver dificuldades financeiras no futuro, você pode refinanciar o imóvel e tentar obter prazos maiores para quitar a dívida.

56

PREFIRA TER EXPERIÊNCIAS EM VEZ DE COISAS

"Pessoas ricas têm uma TV e muitos livros. Pessoas pobres têm muitas TV's e nenhum espaço para livros."

Você passa suas noites assistindo à TV ou lendo? Quantos livros de não ficção, revistas e jornais você lê por mês? Isso nunca foi estudado, mas aposto que há uma correlação entre ler e tornar-se rico. Todo bilionário que conheço fala bastante sobre a importância de aprender e ler em sua jornada de sucesso.

- Li Ki-Shing disse que o conhecimento determina o seu destino. Ele deve saber do que está falando; nascido em uma família pobre, tornou-se um dos indivíduos mais ricos do mundo;
- Bill Gates disse que "ler aumenta um senso de curiosidade em relação ao mundo, que eu acho que ajudou a me impulsionar na carreira e no trabalho que faço agora com a minha fundação";
- Richard Branson aconselha: "Leia o que os outros fizeram, adote o que funcionar para você e adapte tudo isso à sua vida".

Mas, assim como o aprendizado contínuo e duradouro, você deve voltar à educação formal para que isso o ajude a ficar mais rico? Estudos mostram que pessoas formadas em faculdades ganham mais do que as de nível médio. Nos Estados Unidos, por exemplo, um estudo do Pew Research Center, publicado em 2014, concluiu que "a diferença mediana anual entre pessoas com o ensino médio completo e pessoas com o ensino superior completo é de cerca de 17.500 dólares [por ano]". Um estudo do Departamento de Educação do Reino Unido concluiu que "em 2016, pessoas com ensino superior completo e com idades entre dezesseis e 64 anos ganham, em média, 9.500 libras a mais do que pessoas sem ensino superior [por ano], enquanto os pós-graduados ganham em média

6 mil libras a mais do que os graduados [por ano]". Já no Brasil, segundo o relatório *Education at a Glance*, da Organização para a Cooperação e Desenvolvimento Econômico (OCDE), uma pessoa formada no ensino superior ganha, em média, mais que o dobro de quem só cursou o ensino médio. Já um pós-graduado pode ter um salário mais de quatro vezes maior se comparado a alguém que só se formou no ensino médio.

Esse salário médio extra pode até ser atraente para você, mas varia bastante de acordo com o diploma que foi obtido. E a renda adicional, por si só, não garante que você consiga conquistar a independência financeira.

Talvez a última palavra aqui seja o fato de que muitos dos superricos de hoje desistiram da escola com dezesseis ou dezoito anos, enquanto outros largaram a faculdade antes de se formar.

> Mudar de hábitos não é fácil, mas é um esforço que traz recompensas incríveis.

ENTRE EM AÇÃO

Aprimore seus hábitos de aprendizado
Pode levar um ou dois anos para transformar isso em hábito, mas ler e estudar durante pelo menos trinta minutos por dia vai resultar em benefícios incríveis conforme você desenvolve novas ideias e aprende novas técnicas. Folheie revistas e jornais de negócios como o *Inc.*, *Investors Chronicle*, *Harvard Business Review*, *The Economist*, *Monocle*, *Time*, *Strategy Plus* e o *Financial Times*[3]. Leia jornais de vários lugares do mundo; você vai ficar maravilhado com os insights novos e inesperados e também com as ideias para negócios que surgem para você.

Construa o seu aprendizado informal
Siga os pontos de partida abaixo para construir seu aprendizado informal:
- Leia biografias de empreendedores;

---

3 N.E.: No Brasil, você pode escolher entre os veículos de comunicação: Valor Econômico, Exame, Isto É Dinheiro, InfoMoney, entre outros.

- Acostume-se a ler os relatórios anuais de faturamento das empresas para ajudá-lo a escolher quais ações comprar;
- Procure livros sobre inovação, *design thinking* e criatividade para ajudá-lo a expandir seus negócios;
- Leia livros de aperfeiçoamento pessoal para descobrir maneiras de turbinar suas habilidades de comunicação, autoestima ou técnicas de venda.

Seu regime de exercícios mentais

Encontre tempo para ler e estudar implementando a regra de trinta minutos por dia de exercício mental. Faça o que for preciso para que isso funcione para você: use um Kindle ou um iPad, ouça audiolivros no caminho para o trabalho. Faça leitura dinâmica. Faça o que for necessário para ser um eterno aprendiz, desaprendendo e reaprendendo conforme for necessário.

57

NÃO SE DEIXE ABALAR POR SITUAÇÕES RUINS

"Quando alguém morre num acidente de carro, você vende os seus carros e jamais volta a dirigir?"

Toda semana nós lemos todos os tipos de manchete:

- "Valor de ações cai, eliminando os ganhos do ano";
- "Queda dos preços do petróleo afeta todos os mercados globais";
- "Dólar tem mais um aumento e atinge o mais alto patamar do mês".

A mídia adora publicar manchetes assustadoras, e nada vende mais do que medo, preocupações, ansiedade e negatividade. Poucas coisas são mais empolgantes para editores de jornais e noticiários televisivos do que gráficos mostrando as quedas na bolsa de valores, a oscilação no valor de moedas estrangeiras e os preços de imóveis. Fico surpreso quando percebo que não estamos guardando toda a nossa riqueza embaixo do colchão ou na forma de barras de ouro. Bem, assuntos como esses geram manchetes impressionantes e vendem muitos jornais.

Você tem de saber o que está acontecendo, mas não acredite cegamente em tudo o que ouvir. É importante não reagir de modo automático a reportagens na tentativa de proteger seus investimentos. Quando a mídia fala sobre o fim dos veículos movidos a diesel, isso não significa que você tem de correr para vender seus títulos e ações de indústrias automotivas. Em vez disso, procure a verdade.

> Entenda os fatos e os fundamentos dos produtos financeiros e empresas nas quais você está investindo além das manchetes sensacionalistas.

ENTRE EM AÇÃO

Conheça os fundamentos

Baseie suas decisões de investimentos em uma análise sobre os fundamentos dos bens patrimoniais nos quais está investindo. Desenvolva uma noção sobre a força de um bem patrimonial, seu preço e possíveis prospectos. Para qualquer empresa da qual você esteja considerando se tornar acionista, os fundamentos incluem:

- O quanto as receitas são estáveis?
- Qual é o tamanho da concorrência?
- O custo de suprimentos e matérias-primas deve ser levado em conta?
- Qual é a margem de lucro?
- Como é o funil de vendas e a dimensão dos investimentos em pesquisa e desenvolvimento de produtos?
- Qual é o tamanho, o tipo e a maturidade das dívidas contraídas pela empresa?
- Como é o fluxo de caixa da empresa, incluindo a regularidade e o tamanho de quaisquer pagamentos de dividendos e opções de recompra de ações?
- Até que ponto os negócios da empresa são à prova de recessão?

Sua capacidade de compreender os fundamentos de uma empresa pode ser ainda melhor se você aprender mais sobre declarações financeiras e a sua razão financeira, algo que será abordado mais adiante.

No caso de índices de mercado, ações individuais, taxas de câmbio ou outros bens patrimoniais que possam ser comprados e vendidos, você precisa compreender as tabelas que mostram os movimentos históricos de preço, assim como o volume de ações que está sendo comprado e vendido, para então poder verificar se algum movimento de preços pode ser sustentado.

Cuidado com notícias extremamente positivas

A mesma lógica se aplica quando a mídia e os analistas financeiros estiverem falando de algum tipo de bem patrimonial, produto ou índice. Assim como você faria com ações com preço em queda, pare e observe os fundamentos. Se estiver em dúvida, procure e pague pela assessoria e opiniões de especialistas na área. Analisar gráficos e fundamentos é muito tedioso para a maioria das pessoas, além de ser algo que consome bastante tempo. Gerentes financeiros são pagos para fazer tudo isso, então considere a possibilidade de deixar dinheiro com eles e se concentrar em outros tipos de bens, tais como imóveis.

58

INVISTA EM COISAS DE QUE VOCÊ GOSTA

"Invista apenas em coisas nas quais você ficaria feliz em ter e usar, caso o mercado se feche para elas."

É impossível ter sucesso quando seu trabalho o enlouquece. Ninguém consegue chegar à excelência em tarefas que não aprecia. Você comete erros, fica entediado, deixa passar detalhes importantes e não tem a energia necessária para ser criativo e inovador. Não existe um único multimilionário ou bilionário que criou sua riqueza por meio de atividades que odiava.

Mas, quaisquer que sejam os seus interesses, há maneiras motivadoras e interessantes de gerar riqueza. Você só precisa descobrir o que funciona para você e ganhar o dinheiro como subproduto. Para mim, isso significa:

- Reformar imóveis velhos e colocá-los no mercado para alugar ou vender;
- Escrever livros para inspirar outras pessoas, o que me traz uma renda regular na forma de royalties e em contratos para dar palestras;
- Ampliar minha atividade de coaching e treinamento.

Mesmo no caso dessas paixões, ainda tenho preferências. Só compro imóveis nos quais consigo me imaginar morando — e às vezes eu faço isso; só escrevo livros sobre temáticas que me interessam; e só proponho atividades de coaching e mentoria para clientes com os quais realmente gosto de trabalhar.

> O que você gosta de fazer que pode gerar dinheiro como subproduto?

ENTRE EM AÇÃO

Tentativa e erro

É muito difícil saber se vai gostar de fazer alguma coisa antes de realmente fazê-la. Você pode tentar adivinhar ou seguir algum instinto, ficar empolgado pelo entusiasmo de outras pessoas; mas é só quando tentar alguma coisa que vai ver o quanto isso o deixa energizado, motivado, interessado e apaixonado.

Mesmo nesses casos, você pode precisar de algum tempo para chegar a uma opinião equilibrada. No início, pode simplesmente ficar empolgado com a novidade e gostar da sensação de estar fazendo algo novo. Por outro lado, quando se é novato, você pode se sentir sobrecarregado e acabar se afastando de algo rápido demais.

Gostar de algo em particular ajuda em épocas difíceis

Gostar daquilo em que você investe seu tempo e gasta seu dinheiro vai ajudá-lo a passar por momentos difíceis, principalmente quando os mercados estiverem em crise e você não for capaz de vender ou de se livrar de alguma coisa. Pense no quanto é melhor ter bens patrimoniais, investimentos e imóveis dos quais gosta em vez de precisar manter aqueles que você odeia.

Esteja aberto à possibilidade de não gostar do seu trabalho

Lembre-se: suas maiores oportunidades financeiras podem não estar sempre nos bens patrimoniais e nas atividades das quais você gosta. Às vezes, é preciso simplesmente colocar dinheiro no banco. Esteja preparado para sujar as mãos de tempos em tempos para que você possa se concentrar com mais afinco naquilo que ama, sejam imóveis, startups, derivativos, opções de venda... Aquilo que faz seu coração bater mais forte.

59

TRABALHE DE MANEIRA INTELIGENTE

"Você sempre pode comprar mais dinheiro, mas é impossível comprar mais tempo."

Sofrer da síndrome de *burnout* é uma excelente maneira de garantir que você jamais tenha a oportunidade de desfrutar do seu dinheiro ou do seu tempo. E se você trabalhar 52 semanas por ano, dezoito horas por dia, certamente vai sofrer desse mal.

Procure pelos sinais típicos do excesso de compromissos. Você está se levantando às 5h da manhã e enchendo os dias com atividades e compromissos até a hora em que cai no sono, à noite, buscando múltiplas metas e forçando-se a cumprir uma lista de coisas a fazer completamente fora da realidade? Todos nós fazemos isso de tempos em tempos, mas, se virar rotina, é hora de pisar no freio.

Encontre tempo para parar, respirar, recarregar, refletir e explorar. Observe como as pessoas mais ricas do mundo conseguem encontrar um equilíbrio, desde Richard Branson, que começa todas as suas manhãs na ilha Necker, caminhando e lendo, até Jerry Seinfeld, que todos os dias reserva algum tempo para meditar.

Seus objetivos financeiros estão ali para direcionar seus esforços, mas você nunca deve se tornar escravo deles. Você vai ter de trabalhar além da média das pessoas e precisa trabalhar de maneira mais inteligente também.

Você precisa aprender a fazer escolhas confortáveis e sustentáveis sobre como usar o seu tempo, permitindo que consiga cumprir as tarefas importantes sem se matar.

> A verdadeira riqueza não é medida em termos financeiros, e sim em ter tempo.

ENTRE EM AÇÃO

Seja brutal

Seja inteligente com o seu tempo, independentemente de você ser um funcionário, um investidor e/ou um empreendedor. Observe como o seu tempo é utilizado e compare à maneira com a qual precisa usá-lo.

Identifique atividades que servem para você e aquelas que pode encurtar ou eliminar

Monitore o seu dia e faça tudo o que for necessário para otimizá-lo:

- Existem distrações triviais ou pouco importantes que podem ser evitadas?
- Que atividades podem ser eliminadas ou encurtadas?
- Sua disponibilidade de tempo está prejudicada por muitas reuniões? Há algumas que você possa deixar de lado ou participar apenas das partes que são relevantes para você?

Automatize, terceirize e delegue

Gerar dinheiro frequentemente significa estar envolvido em múltiplas atividades, desde as obrigações do seu emprego habitual até investir tempo e dinheiro em outros negócios. A pressão do tempo pode se acumular; assim, identifique quaisquer tarefas que possam ser facilmente, e com um bom custo-benefício, modificadas, automatizadas ou dadas a outras pessoas:

- Pague um contador para cuidar das suas movimentações financeiras, impostos, fluxo de caixa e demais trâmites contábeis;
- Contrate um administrador de imóveis;
- Use sistemas bancários automatizados.

Monte uma equipe

Você não vai conseguir fazer tudo sozinho. Mais adiante, vamos dar uma olhada em como a contratação de funcionários pode ajudá-lo a realizar seus sonhos financeiros.

60

VOCÊ ESTÁ PRESTANDO ATENÇÃO?

"Eu nunca conheci nenhuma pessoa verdadeiramente bem-sucedida que não soubesse com excelência como escutar outras pessoas."

Eu sempre rio quando alguém diz "estou ouvindo". Ouvir o que alguém está dizendo é completamente diferente de escutar essa pessoa. Ao escutar, você recebe a informação, processa, aprende e a aplica na sua tomada de decisão.

Ser uma pessoa que escuta os outros é essencial para construir a riqueza, porque as consequências de não escutar podem ser desastrosas para as suas finanças, seja quando você não segue as orientações do seu consultor financeiro e investe nos produtos errados, quando você não entende direito as preocupações de um cliente importante e o perde ou quando não dá atenção aos pedidos de um inquilino, obrigando-o a sair do seu imóvel a fim de procurar outro.

É fácil se enganar e pensar que você tem o dom da escuta e é capaz de reter informação. Em um estudo global de 2015, publicado pela *Accenture*, 96% dos entrevistados disseram ser bons ouvintes, mas também admitiram que se distraíam facilmente e que tentavam fazer várias coisas ao mesmo tempo. Mas não se engane. Outro estudo feito por Ralph Nichols e Leonard Stevens, da Universidade de Minnesota, mostra a verdadeira realidade sobre essa questão. A pesquisa conclui que "imediatamente depois que uma pessoa comum ouve alguém falar, ela se lembra de apenas metade do que ouviu — não importa com quanto cuidado ela pensou que estava escutando".

Escutar é difícil. Sua mente está sempre funcionando em alta velocidade, seu foco se move constantemente entre o passado e o futuro e, como todo mundo, você já tem suas próprias ansiedades e preocupações. Felizmente, as habilidades de escuta ativa são fáceis de aprender e de dominar.

> Seja uma pessoa melhor e mais rica: aprenda
> a escutar!

ENTRE EM AÇÃO

Pratique a escuta ativa

Escutar bem é algo que você deve a si mesmo e a todo mundo com quem interage. As outras pessoas vão se sentir valorizadas e respeitadas, e você vai se sentir mais bem informado.

- Esteja presente. Sente-se ou fique em pé sem se mexer enquanto estiver escutando as outras pessoas. Deixe o celular de lado e olhe para o rosto da outra pessoa enquanto ela fala. Feche os olhos enquanto escuta a voz dela ao telefone. Olhe para a tela do computador enquanto participa de uma videoconferência.
- Mostre que você está escutando. Faça movimentos afirmativos com a cabeça, demonstre concordância, diga "entendo", "estou acompanhando seu raciocínio" ou coisas do tipo. Não interrompa o seu interlocutor.
- Enquanto alguém estiver falando, pare de planejar na sua cabeça o que você quer dizer em resposta e simplesmente ouça a outra pessoa.
- Depois que ela falar, faça uma pausa e assimile o que ela falou.
- Antes de dar respostas ou justificativas, discuta e concorde que ambos estão alinhados.
- Mostre ao seu interlocutor (e a si mesmo) que você compreendeu o que ele estava dizendo. Resuma para ele o que você o ouviu dizer.
- Faça perguntas e peça esclarecimentos para ter certeza de que o que você pensa ter ouvido é exatamente o que a outra pessoa disse. Isso é muito importante quando há emoção envolvida e as palavras da outra pessoa podem não ser 100% claras e objetivas.
- Imediatamente, faça anotações sobre o que foi discutido. Mande um e-mail para a outra pessoa com um resumo do que foi discutido para ter certeza de que você escutou direito.

61

NADA DE TRAPACEAR NOS IMPOSTOS

"Impostos são o preço que você paga para viver numa sociedade moderna."

Sejamos sinceros: ninguém gosta de pagar impostos e muitas pessoas adoram sonegá-los. Sempre haverá muita gente por perto para assessorá-lo na tarefa de economizar um pouco de dinheiro aqui e um pouco ali. De certa forma, isso pode ser uma boa maneira de aumentar o seu patrimônio, mas você não será realmente rico sem a paz de espírito de saber que está do lado certo da lei e contribuindo para a sociedade.

E se você precisa de mais incentivos, pense nas pessoas que são pegas sonegando. Todos os anos, dezenas de milionários são acusados de sonegação de impostos e frequentemente têm de pagar multas, despesas judiciais e encargos retroativos. Isso para não falar da mancha na reputação e nos futuros prospectos de geração de renda.

As coisas nem sempre são claras. Às vezes, você pode nem saber que está trapaceando. Você pode pensar, de maneira inocente, que está usando um método legal para minimizar impostos pessoais ou corporativos.

> Ninguém fica rico sonegando impostos.
> Por isso, não aja como um criminoso.

ENTRE EM AÇÃO

Pague a sua parte

Há muitas maneiras de minimizar seu gasto com impostos: usar uma empresa com pouco giro de capital (uma *shell company*) que esteja listada em uma bolsa de valores como veículo de negócios por outra empresa; empresas *offshore,* trustes, tratar a renda de maneira diferente e algumas brechas jurídicas. Há uma lista infinita de oportunidades. As possibilidades de economia são gigantescas. A Bloomberg informou que, somente no ano de 2016, o Google economizou legalmente 3,7 bilhões de dólares em impostos com o uso de *shell companies* em países como Irlanda, Holanda e Bermudas. Pessoas ricas pagam boas somas aos seus assessores para que estes os ajudem a agir dentro da lei ao mesmo tempo que minimizam sua exposição aos impostos. Você pode fazer o mesmo. Ninguém está pedindo para que você pague demais.

Ao mesmo tempo, tome cuidado com brechas que, embora tecnicamente legais, não são éticas. Claro, pode ser que você consiga se aproveitar delas sem consequências maiores, mas você sabe que está errado. Viva com os valores certos e com uma bússola moral bem calibrada e contente-se em pagar o que é justo — aproveitando as vantagens e deduções permitidas, mas afastando-se de qualquer esquema duvidoso.

Maximize planos de investimentos isentos de impostos

Descubra quais são os planos isentos de impostos que o governo do seu país oferece. Muitos países os têm. No Brasil, para evitar pagar altas taxas de imposto de renda, podem ser feitas negociações de até R$20 mil em ações, fundos imobiliários, investimentos em LCI/LCA e CRI/CRA, debêntures incentivadas e fundos de debêntures incentivadas.

Declare com precisão

Conforme você expande seu patrimônio e seus fluxos de recebimento, é hora de contratar alguém para preencher a sua declaração de imposto de renda e ter certeza de que vocês dois concordam em todas as fontes de arrecadação e despesas relacionadas. Não permita ingenuamente que o contador declare uma renda inferior à que você de fato recebeu ou peça um benefício ao governo, pensando que está lhe fazendo um favor. Não é assim que as coisas funcionam.

62

SAIBA A HORA DE PEDIR
DEMISSÃO DO SEU EMPREGO

"Trabalhe em seus próprios objetivos e sonhos. Ou deixe que outra pessoa o pague para trabalhar nos objetivos e sonhos dela."

A maioria das pessoas ricas de hoje em dia já foram funcionários assalariados e passaram dali para serem donos de suas próprias empresas ou para administrar e ampliar seus vários investimentos. Mas há exceções. Você pode se tornar multimilionário em alguns empregos, mas tipicamente isso acontece apenas em certas áreas como Direito, contabilidade e arquitetura, quando você trabalha como banqueiro de investimentos, corretor de ações e *trader*, quando está em uma startup de tecnologia ou então quando é um médico cirurgião, apenas para citar alguns exemplos de profissões.

Sair de um emprego dos sonhos ou seguro pode ser o seu trampolim para realizar seus sonhos financeiros. Há histórias incríveis e inspiração por toda parte. Por exemplo: Emma Gannon largou seu emprego dos sonhos em Londres, com o grupo editorial Condé Nast, para se dedicar às suas próprias ideias de negócios, que agora incluem os podcasts "Ctrl Alt Delete", líderes em popularidade, e alguns livros best-seller. Ou Rick Wetzel e Bill Phelps, que deixaram seus empregos na Nestlé para criar a rede Wetzel's Pretzels nos Estados Unidos.

Procure histórias de pessoas que decidiram seguir seu próprio rumo e se desligaram de empregos seguros na busca de outras coisas. É verdadeiramente inspirador ver o que as pessoas fizeram para criar riqueza e sentirem-se realizadas, por meio apenas de uma ideia ou de uma paixão.

Você pretende continuar trabalhando como empregado indefinidamente, estabelecer uma data para mudar de vida ou seguir seu caminho e se transformar em seu próprio chefe agora?

> Seu desafio é saber qual é o caminho certo para você.

Saiba o que lhe motiva

Se estiver considerando sair do seu emprego, leve em conta as suas motivações. Você está tentando escapar de alguma coisa ou esta é genuinamente uma oportunidade para aumentar sua riqueza e fazer algo que deseja mesmo fazer?

Faça os preparativos

Não largue o seu emprego sem ter um plano. Prepare-se para sair enquanto ainda está trabalhando. E, se puder, prepare-se a ponto de sair quando a sua ideia paralela já estiver lhe rendendo dinheiro e pronta para se tornar sua atividade principal. Use seu tempo como funcionário para:
- Adquirir as habilidades de que você precisa;
- Estudar à noite ou ganhar uma certificação com uma associação ou federação profissional;
- Trabalhar seu networking e angariar contatos para aprender com as pessoas certas;
- Considerar dar início a outros projetos em seu tempo livre.

Nunca haverá um momento perfeito

Não procrastine e atrase a sua saída. Procure mentores e outras pessoas que possam lhe dar conselhos, estímulo e apoio.

Certifique-se de que você tem a mentalidade necessária para trabalhar como autônomo

É aceitável ser funcionário no *mainstream*. Nem todo mundo consegue lidar bem com as incertezas, os riscos, as responsabilidades e o estresse de ser um profissional autônomo ou simplesmente de gerir o próprio dinheiro. Pense bastante antes de pedir demissão do seu emprego e perceba se, no fundo, você prefere continuar sendo funcionário. Se preferir, chegou a hora de aceitar essa realidade.

63

CUIDADO COM OS "CUSTOS DO PADRÃO DE VIDA"

*"Nunca compre nada apenas para ostentar.
Ninguém se importa com isso."*

Bill Gates lembrou-se, durante uma entrevista para a Bloomberg, que no final da década de 1970 ele comprou seu primeiro carro, um Porsche 911, com o primeiro grande bônus que conseguiu como dono da Microsoft. Assim, o que você faz quando sua riqueza começa a crescer? Você melhora a sua vida, compra um carro esportivo do ano, talvez uma casa maior, associa-se a clubes, viaja para lugares exóticos durante as férias, compra roupas feitas sob medida ou matricula seus filhos em escolas privadas para a elite? Você trabalhou para ter tudo isso, então merece desfrutar dos seus ganhos.

Ninguém vai impedi-lo de usar sua riqueza recém-conquistada, mas se você já tem um carro, por que trocá-lo apenas porque o seu salário aumentou? Se gosta realmente da sua casa, por que se mudar para um bairro mais rico quando a renda gerada por seus investimentos aumenta?

O perigo é quando você quer melhorar seu estilo de vida automaticamente e ter o melhor de tudo. Isso é conhecido como o aumento dos custos do padrão de vida, que ocorre quando você aumenta suas despesas e dívidas de acordo com os aumentos no seu salário. É a razão pela qual muitas pessoas que ganharam na loteria perdem toda a sua riqueza após alguns anos.

O seu estilo de vida e as coisas com as quais você decide gastar seu dinheiro não devem refletir sua riqueza ou o desejo de impressionar outras pessoas; devem refletir suas próprias necessidades e valores. Seja como Warren Buffett. Ele ainda mora na mesma casa que comprou por 31,5 mil dólares em 1958 e dirige um Cadillac XTS 2014.

> Não caia na armadilha de gastar demais para disfarçar sua insegurança e baixa autoestima.

ENTRE EM AÇÃO

Conforme sua renda aumenta, diminua a porcentagem que gasta
Pode parecer perfeito demais, mas, conforme o seu salário subir, poupe a renda extra. Não gaste nem um centavo dela. Por exemplo, suponha que você ganhe R$2.800,00, após o desconto dos impostos, por mês. Você recebe um aumento de 8% e passa a ganhar R$3.024,00. Em vez de colocar R$224,00 extras para custear despesas, prepare ou ajuste seu sistema de gerenciamento de contas para transferir automaticamente essa quantia para uma aplicação; o ideal é que isso aconteça no dia em que você for pago. Se tudo correr bem, você já estava poupando um pouco do seu salário anterior e os R$224,00 serão um montante adicional investido.

Caso contrário, você vai acabar gastando alegremente os R$224,00 extras. Não é muito por mês, exceto quando você se dá conta de que, no decorrer de doze meses, isso lhe dá mais R$2.688,00, e R$5.376,00 depois de dois anos. Agora as coisas estão começando a ficar mais interessantes. Isso pode contribuir para o pagamento da entrada do seu primeiro imóvel.

Nesse sentido, quando conseguir uma quantidade eventual e inesperada de dinheiro na forma de um abono anual, uma herança ou pagamento de dividendos, poupe ou invista toda a quantia.

Pessoas ricas nem sempre compram "haute couture"
Um bom hábito a desenvolver é escrever uma lista de compras antes de sair. Pare antes de comprar qualquer coisa que não esteja na lista e compre somente o que você precisa. Lembre-se do conselho de Warren Buffett: "Se você comprar coisas de que não precisa, você logo vai ter de vender coisas das quais precisa".

Não é preciso ser o primeiro a comprar
Minimize compras do tipo "eu preciso ser o primeiro a comprar o novo modelo do iPhone". Frequentemente, essas compras são só uma questão de ego e não são coisas de que você precisa na vida.

64

ENTENDA DE NÚMEROS

"Estamos nos tornando uma sociedade de analfabetos financeiros."

Desculpe-me pela franqueza, mas, se quiser aumentar sua riqueza, você precisa se alfabetizar financeiramente. Isso significa ter condições de entender os vários aspectos do mundo dos investimentos, contabilidade e finanças. Você precisa ter as habilidades e o conhecimento para:
- Tomar decisões embasadas e precisas relacionadas às suas finanças;
- Entender o que está acontecendo com seu dinheiro;
- Poder comparar as opções disponíveis para você;
- Compreender as razões e os impactos de movimentações em patrimônio, preços e mercados;
- Sentir-se confortável com os riscos e com a gama de possíveis resultados.

Eu tive a felicidade de já ser um contador certificado e ex-diretor financeiro quando comecei a me concentrar em ampliar minha riqueza. Você não precisa se tornar um contador certificado, um especialista em tributação ou um analista financeiro, mas, pelo menos, recomendo que preste atenção nas áreas abordadas neste capítulo.

Mesmo que pretenda terceirizar muito do seu processo de tomada de decisão a outras pessoas, como corretores de ações e gerentes de investimentos, entender o básico vai ajudá-lo a acompanhar as decisões e ações que os assistentes financeiros e contadores estão executando em seu nome e capacitá-lo a conversar com eles sobre as minúcias das transações financeiras.

> É hora de começar a se educar. Você está pronto?

ENTRE EM AÇÃO

Volte à escola

Faça cursos on-line, leia livros e assista a aulas no período noturno. Você pode escolher tópicos tais como finanças para gerentes não financeiros e cursos de finanças pessoais, compreendendo investimentos e o mercado de ações. Peça a experts que lhe ensinem e aprenda fazendo (tendo o cuidado de não perder nenhuma parte da sua riqueza no processo).

No mínimo, aprenda e compreenda o seguinte:

- Balanços patrimoniais: para mais informações sobre este assunto, consulte o capítulo 44;
- Declarações de lucros e perdas: lembre-se de que lucro ou prejuízo é a diferença entre todas as vendas e receitas, menos todos os custos e despesas gerais. Há muitas definições de lucro, tais como o LAJIDA e lucros operacionais. Eles podem se referir ao lucro antes ou após a incidência dos impostos, juros, depreciação etc;
- Razões financeiras: há várias dessas razões que você precisa conhecer, incluindo margens brutas e líquidas sobre as vendas e o retorno sobre o capital empregado;
- Juros compostos: para mais informações sobre este tópico, consulte o capítulo 28;
- O valor presente líquido (VPL) do dinheiro: R$100 ganhos hoje e R$100 ganhos daqui a um ano não têm o mesmo valor. Os R$100 que você ganha no futuro, em valores de hoje, valem menos do que R$100 de acordo com a taxa de juros que o seu dinheiro poderia render. Por exemplo, R$95,24 rendendo a uma taxa de juros de 5% ao ano valeriam R$100 daqui a um ano;
- Taxas de câmbio: para mais informações sobre isso, consulte o capítulo 34;
- Terminologia de investimentos: antes de investir em ações, títulos, derivativos, índices, fundos etc., entenda o que eles são. Aprenda como e por que eles variam e qual terminologia é usada em seus mercados, tais como retorno sobre o investimento, lucro por ação, índice preço/lucro, *spread*, preço da oferta de compra, valores de mercado, contratos a termo, *put options* e liquidez;
- Porcentagens da movimentação patrimonial: para mais informações sobre isso, consulte o capítulo 80.

65

ESTRUTURE SEU OTIMISMO

| *"O copo está sempre meio cheio."*

Barbara Fredrickson, uma psicóloga americana, estudou o impacto de ser positivo e otimista na vida das pessoas, e as conclusões de seu renomado trabalho, conhecido como Teoria de Ampliação e Construção, demonstraram que:

- Otimismo e positividade melhoram sua capacidade de resolver problemas e também ajudam você a se concentrar melhor nas atividades. Essas habilidades ampliam a capacidade cognitiva do seu cérebro;
- O pessimismo, por outro lado, diminui o desempenho do seu cérebro e também pode comprometer a sua capacidade criativa, porque agir de maneira negativa reduz a função do seu córtex pré-frontal.

Você vai ter dificuldades para alcançar metas financeiras desafiadoras se estiver se sentindo e agindo de maneira negativa ou então depressiva. O pessimismo lhe impede de trabalhar com paixão e entusiasmo, reduzindo sua capacidade de inspirar e motivar as pessoas com quem está trabalhando.

Isso foi claramente demonstrado em um estudo com equipes de corretores de seguros recém-recrutados pelo renomado psicólogo positivo Martin Seligman. Ele descobriu que corretores de seguros otimistas vendiam 37% mais apólices do que seus colegas pessimistas, e que os pessimistas desperdiçavam energia em coisas que não davam bons resultados.

> Você está pronto para melhorar seus níveis
> de otimismo e pensamento positivo?

ENTRE EM AÇÃO

Concentre-se em resultados, não em problemas

Gabriele Oettingen, professora de psicologia da Universidade de Nova York, define o otimismo como "as expectativas e o julgamento de que você é capaz de fazer certas coisas no futuro". É nisso que você deve se concentrar, dando sua atenção aos resultados que pode e vai conquistar. Um fator que tende a ajudar nesse processo é reconhecer o que você conquistou até hoje. Comece escrevendo um diário que combine suas listas de afazeres e de conquistas.

Diferentemente dos corretores de seguros pessimistas de Seligman, evite se concentrar no que está dando errado. Tenha noção desses detalhes, mas não se apegue a eles.

Evite pessoas negativas

Algo que ajuda bastante é evitar contato com pessimistas. Todos nós conhecemos alguém que dá 101 razões pelas quais algo não pode ser feito. Afaste-se. A vida é curta demais para gastar um minuto sequer com esse tipo excessivo de negatividade.

Cuidado com o otimismo exagerado

Tempere o seu otimismo com realismo. Alguns líderes e empreendedores são tão positivos que se tornam otimistas cegos, totalmente convencidos do que vai acontecer. Isso decerto pode ajudar a passar por cima de obstáculos e de pessoas céticas, mas também pode afastá-lo da realidade. Sempre escute o que os outros têm a dizer e tente enxergar o que de fato está acontecendo.

66

BUSQUE VALOR

> *"Por que você compraria alguma coisa pelo preço normal, quando pode conseguir a mesma coisa por metade do preço numa promoção?"*

A estratégia conhecida como *value investing*, ou investimento em valor, é algo simples, mas poderoso. A ideia é que, se você conhece o valor real de alguma coisa, pode economizar muito dinheiro comprando-a só quando ela estiver abaixo desse valor, seja por meio de alguma promoção, em um leilão, uma venda urgente para levantar fundos ou subvalorizada por qualquer outra razão.

Os investidores se referem a esse valor real como valor intrínseco, e sempre tentam comprar bens patrimoniais à venda com descontos significativos em relação a esse valor. O *value investing* se originou de investimentos em bolsas de valores e ganhou fama por meio de Benjamin Graham, autor de *O Investidor Inteligente*, uma bíblia para muitos investidores no decorrer das últimas seis décadas.

No exemplo simples abaixo, você pode ver que os preços de mercado são menores que os valores intrínsecos. Em todos os casos, essa diferença, chamada de desconto ou potencial de valorização, é de R$60, mas a diferença em termos de porcentagem varia. Ter uma carteira de ações subvalorizadas é considerado um portfólio de baixo risco e alto retorno.

Ação	Valor intrínseco da ação	Preço de mercado atual da ação	Desconto ou potencial de alta (como % do preço atual)
A	R$100	R$40	R$60 (150%)
B	R$200	R$60	R$60 (100%)
C	R$150	R$90	R$60 (67%)

Envolve analisar muitas variáveis, começando pelo índice preço/lucro e o desempenho financeiro subjacente da empresa, terminando em comparar esses resultados com as médias da indústria e do mercado de ações. As bolsas de valores são povoadas por milhares de investidores profissionais que contam com modelos de instituições financeiras, análises e plataformas de *trading* de ações de alta velocidade. Não é fácil competir contra eles, mas, como um *trader* individual de ações, você pode "nadar com eles", procurando ações subvalorizadas da mesma maneira que eles fazem. Se não sentir confiança suficiente para fazer isso, entregue seu dinheiro aos cuidados de gerentes de investimentos e deixe que as equipes deles façam essa busca por você.

> Por que você iria querer comprar algo que custa mais do que seu valor intrínseco?

ENTRE EM AÇÃO

Aplique princípios de *value investing* em toda a sua criação de riqueza

Você pode não ter o tempo nem a expertise para encontrar ações subvalorizadas e outros produtos do mercado financeiro, mas pode aplicar a ideia de comprar somente bens patrimoniais que estão abaixo do seu preço de mercado em outras áreas:

- *Day trading*: se você decidir administrar seu próprio portfólio de ações, esteja preparado para investir tempo em pesquisa, concentrando-se em mercados de ações e em empresas que você conhece bem, ou que possa aprender a conhecer bem. Por exemplo, conheço um executivo que se aposentou depois de trabalhar anos em uma grande empresa farmacêutica em Londres, que só investe em ações de grandes empresas farmacêuticas. Concentrando-se em uma indústria que conhece bem, ele é capaz de encontrar ações subvalorizadas;

- Imóveis: comprar imóveis com desconto em relação ao preço de mercado está se tornando uma maneira comum de ganhar dinheiro. Imóveis como esses podem ser repassados (revendidos) sem que se faça qualquer mudança neles, assim que o preço de mercado subir. Alternativamente, reformar um imóvel antes de vendê-lo é um exemplo de criação de valor. É muito comum aumentar o valor de uma casa com a adição de cômodos, transformando sótãos em dormitórios, criando porões e varandas envidraçadas;

• Outros tipos de bens patrimoniais: a mesma lógica aplicada à busca por ações e casas subvalorizadas pode ser aplicada a todos os outros tipos de bens patrimoniais, incluindo ouro, obras de arte, veículos e a compra de empresas.

67

ABRA SUA PRÓPRIA EMPRESA

"Às vezes, a única maneira de realizar seus sonhos é se tornar empreendedor."

A maioria dos milionários trabalha por conta própria em um mundo onde esse tipo de trabalho, assim como construir uma empresa do zero, é visto como o maior exemplo de autorrealização. Não é de se surpreender que haja tantos de nós fazendo isso. As taxas de crescimento são impressionantes.

Nos últimos anos, empreender no Brasil se tornou uma prática comum entre os profissionais. Segundo um levantamento do Global Entrepreneurship Monitor (GEM), realizado em 2018, quase 52 milhões de pessoas têm o próprio negócio por aqui. Esse número equivale a 38% da população.

Para os especialistas que participaram da pesquisa, existem três fatores que explicam o crescimento: a própria habilidade dos brasileiros para administrar uma empresa, as oportunidades obtidas pelo mercado e o incentivo de programas governamentais.

O sucesso financeiro não é algo garantido para os empreendedores, e um número relativamente baixo de empresas alcança altos níveis de crescimento e vendas multimilionárias. A maioria dos empresários individuais, se tiverem sorte, ganham os mesmos montantes que receberiam se fossem funcionários assalariados, e os índices de fracasso de startups é alto.

Olhando pelo lado positivo, ser seu próprio chefe lhe dá uma liberdade incrível para ser você mesmo e também escolher o que quer criar, com quem quer trabalhar, quais clientes deseja servir e quanto dinheiro quer ganhar.

Com essas liberdades vêm a responsabilidade e o estresse de ter de administrar seu próprio tempo, dinheiro e recursos. E o fato de que ninguém lhe paga automaticamente um salário todo mês.

> Ser o mestre do seu destino, na função de ser seu próprio chefe, tem muitos benefícios que são maiores do que os custos e as dificuldades.

ENTRE EM AÇÃO

Ame o que você faz
Só abra uma empresa em um ramo de produtos ou serviços que você entenda e que gosta de fazer.

Tenha um plano de negócios
Saiba como você vai criar valor. Seja capaz de colocar em palavras o que está produzindo, comprando e vendendo para quem e a que preço. Crie um plano de negócios, incluindo previsões financeiras, e entenda o seu fluxo de caixa.

Escolha a natureza ideal da sua pessoa jurídica
Peça conselhos a um contador ou secretário executivo para ajudá-lo a determinar a natureza ideal da pessoa jurídica que pretende criar. Você está planejando continuar como uma empresa de uma pessoa só ou deseja montar uma empresa em que você só tem responsabilidade sobre o montante de capital investido? Todo país oferece uma variedade de opções, cada uma com obrigações fiscais diferentes.

Escolha sócios e parceiros com cuidado
Tente manter 100% do controle acionário da sua empresa, apenas abrindo mão de partes do seu capital se realmente precisa de um sócio para trabalhar nos negócios e/ou sócios investidores (que podem apenas lhe dar dinheiro como capital, sem envolvimento na administração e nas decisões da empresa em si).

68

ABRACE A TECNOLOGIA

"O futuro é digital e técnico. Tenha a certeza de fazer parte dele."

No fim de 2018, as seis maiores empresas do mundo em valor de mercado faziam parte da área de tecnologia e internet: Apple, Amazon, Alphabet, Microsoft, Facebook e Alibaba. Más notícias para os luditas entre vocês: não se pode ignorar a tecnologia em sua busca pela riqueza.

A internet e suas tecnologias relacionadas transformaram e vão continuar a transformando todos os aspectos da vida moderna:

- Smartphones, e-mails, mensagens instantâneas e plataformas de mídia social se tornaram nossos canais de comunicação;
- O dinheiro flui, transações de negócios e de finanças acontecem em segundos, com criptomoedas e tecnologias de *blockchain*, transformando velhas formas de contratos e pagamentos;
- Sites e aplicativos são os lugares em que compramos, vendemos, pesquisamos e encontramos tudo, desde compras de supermercado até o verdadeiro amor;
- Tecnologias de ponta baseadas na internet estão em nossos escritórios, carros e, em pouco tempo, dentro de nossos corpos;
- A robótica e a inteligência artificial estão transformando todos os tipos de indústria, desde a manufatura até os serviços, incluindo saúde, educação e setores governamentais.

Cerca de metade da população mundial, ou 4,2 bilhões de pessoas, usou a internet em 2018, de acordo com a Internet World Stats, e juntos nós passamos on-line um total combinado de um bilhão de anos, de acordo com uma estimativa da GlobalWebIndex. A internet e suas tecnologias relacionadas estão literalmente dominando o mundo e é impossível, nos dias de hoje ser uma pessoa verdadeiramente rica, financeiramente falando, sem abraçar alguma forma de tecnologia.

> Fazer a tecnologia trabalhar para você
> é uma atitude inteligente.

ENTRE EM AÇÃO

Você precisa utilizar o potencial da tecnologia para impulsionar sua criação de riqueza e aproximá-lo das suas metas financeiras. Isso pode ser conseguido com uma combinação de três elementos:

Crie produtos e serviços baseados na internet:
- Pense no que você pode criar e vender — de uma série de aplicativos até um serviço baseado na internet;
- Considere modelos diferentes de negócios, como assinatura e transacionais;
- Para que tipo de negócio existe uma carência que não está sendo suprida por uma oferta on-line?

Use a internet para administrar uma empresa e ampliar seu patrimônio:
- Crie um negócio baseado em um site interativo usando plataformas como o godaddy.com ou o registro.br;
- Venda on-line usando sites como shopify.com.br, etsy.com ou amazon.com.br;
- Encontre clientes por meio de sites de referência ou usando softwares para obter referências, como os que são oferecidos pela referralcandy.com;
- Pesquise e procure fornecedores por meio de sites como oberlo.com.br, br.kompass.com e portuguese.alibaba.com;
- Administre, controle e acompanhe o progresso da sua riqueza usando aplicações on-line fornecidas pelo seu banco, sua corretora de valores ou ainda pelo seu consultor financeiro;
- Use um aplicativo para o gerenciamento de imóveis para cuidar dos seus investimentos imobiliários.

Use a internet para melhorar sua vida:
- Gerencie seu tempo e produtividade com aplicativos específicos para isso.

- Diminua o estresse utilizando aplicativos como o Calm, Zen e Viva Bem;
- Use a nuvem, o Office 365 on-line e serviços de webmail para poder trabalhar de qualquer lugar.

69

PREPARE-SE PARA MOMENTOS DO TIPO "CISNE NEGRO"

"De tempos em tempos, alguma coisa acontece nos mercados que nunca foi descrita antes nos livros. Algo tão maluco que novas obras terão de ser escritas a respeito."

Desde o Leicester City vencer o campeonato inglês de futebol até a crise financeira de 2008, sempre acontecem coisas que ninguém imagina que sejam possíveis. Com um nome em homenagem à descoberta de que nem todos os cisnes são brancos — algo que era considerado impossível pelos europeus, até que eles chegaram à Austrália —, cisnes negros são aqueles eventos imprevisíveis que acontecem com uma previsibilidade alarmante, tais como empresas inteiras, bancos, fundos de investimentos, mercados e países desmoronarem, frequentemente em um único dia:

- A derrocada de instituições financeiras como Long-Term Capital Management, Citibank e Bank of Scotland;
- O estouro da bolha das ponto-com em 2000, que fez com que muitas empresas de tecnologia falissem;
- Escândalos que destruíram empresas como a Enron e Tyco;
- Estratégias de negócios terríveis que fizeram com que empresas como Kodak, BlackBerry e Nokia quase desaparecessem.

É fácil esquecer a quantidade de empresas grandes e bem-sucedidas desapareceram ou se tornaram muito menores, fazendo com que acionistas, credores, fundos de pensão e bancos perdessem milhões. O que você pode aprender com isso em sua própria busca por riqueza?

> Sempre presuma que aquilo que "jamais poderia acontecer",
> na verdade, pode acontecer.

ENTRE EM AÇÃO

Pare de ficar surpreso e chocado

O inesperado acontece. O impossível se torna comum. Você tem de se adaptar e aceitar a realidade e fazer o que puder para evitar ser pego despreparado — ou, em outras palavras, transformar "cisnes negros" em "cisnes brancos".

Como transformar o inesperado em esperado

O grupo Carillion, do Reino Unido, viu o preço de suas ações desabar em 2017, caindo de um pico de £2,38 para cerca de £0,12. Grande fornecedora de serviços terceirizados para o governo do Reino Unido, a empresa parecia ser um negócio sólido e bem administrado. Articulistas da área de finanças ficaram chocados. Se você tivesse ações da Carillion, talvez imaginasse que essa queda enorme no preço das ações foi um evento "cisne negro".

Atualmente leio artigos escritos por alguns analistas que perceberam que o colapso da Carillion era uma questão de tempo e venderam suas ações antes do desastre. Nada de "cisnes negros" para eles, apenas outro "cisne branco" que passava por perto. Você conseguiria perceber as dívidas crescentes da Carillion, as margens de lucro decrescentes e outros sinais?

Independentemente de você ter um patrimônio líquido de 100 mil libras ou um portfólio global diversificado no valor de vários bilhões, aqui está uma receita para se preparar para futuros momentos "cisne negro":

- Saiba precisamente no que você está investindo. Conheça os fundamentos e conheça os mercados nos quais você está comprando ações, imóveis ou outros bens patrimoniais;
- Procure por sinais de problemas potenciais. Trabalhe com ótimos consultores financeiros. Entenda todo investimento que fizer e todo bem patrimonial no qual você investir seu dinheiro. Se estiver em dúvida, mude os planos;
- Diversifique o seu portfólio. Com uma carteira diferenciada, se uma crise acontecer, não destruirá toda a sua riqueza.

70

EMPREGUE OUTRAS PESSOAS PARA REALIZAR SEUS SONHOS

"Prefiro ter quarenta pessoas trabalhando uma hora por semana para mim do que trabalhar quarenta horas sozinho."

Aqui está um truque que poucas pessoas usam, mas que pode aumentar enormemente o seu patrimônio líquido: empregue outras pessoas para que o ajudem a crescer.

O quanto você pode fazer sozinho? Mesmo se trabalhar dezoito horas por dia, 365 dias por ano, há um limite para aquilo que pode conquistar. Não é possível estar em dois lugares ao mesmo tempo, você não é sobre-humano. Fazer várias coisas ao mesmo tempo é algo que comprovadamente não funciona e é impossível de se sustentar. Talvez você consiga produzir o equivalente ao trabalho de duas pessoas por um dia ou dois, mas não de maneira consistente e sustentável no decorrer do tempo.

Apesar de tudo isso, a maioria das pessoas que trabalha por conta própria o fazem sozinhas, tais como donos de empresas sem funcionários ou autônomos, sem ninguém para ajudá-los. Eles são os funcionários, fazendo todo o trabalho. A única diferença é que eles emitem os boletos e ganham sobre o faturamento, em vez de levar um salário para casa.

Assim, qual é a melhor decisão a tomar? Você quer trabalhar sozinho ou empregar outras pessoas para crescer mais rápido? Qual opção o ajudaria a alcançar seus objetivos financeiros e de vida?

> Mais pares de mãos podem ajudar a acelerar a sua criação de riquezas.

ENTRE EM AÇÃO

Existe uma situação específica para começar a contratar?
Imagine que você é um apicultor autônomo que fornece mel para mercados locais. Você quer expandir seu negócio, mas não sabe por onde começar ou como tomar uma decisão. Faça as seguintes perguntas para si mesmo:

- Você quer investir mais dinheiro e energia expandindo o negócio com funcionários? Como isso se relaciona com os seus sonhos e metas financeiras?
- Há potencial para aumentar a produção de mel? Você pode vender o produto para uma base maior de clientes, como hipermercados, por exemplo? Há flexibilidade no seu modelo de negócios advinda de ter funcionários, como, por exemplo, abrir uma loja própria para vender o seu mel e produtos associados?
- Qual é a margem de lucro por pote de mel? Qual é o volume de vendas necessário para cobrir o custo de um funcionário em potencial, que ganharia, digamos, R$24 mil por ano?
- Você pode contratar alguém para trabalhar meio período, em um contrato de trabalho eventual ou que receba somente comissões? Seria possível ter estagiários?
- Você fica feliz com a possibilidade de trabalhar em tempo integral com a produção de mel? Ou você deseja se afastar e deixar um funcionário tomando conta do seu negócio?

Você consegue encontrar o que precisa?
Nunca é fácil encontrar grandes talentos. Você está pronto para encontrar e atrair os melhores candidatos possíveis com quem quer trabalhar? Isso lhe daria tempo e energia para aquilo que é mais importante em sua vida?

71

CONFIE EM SEU INSTINTO

"Todas as melhores decisões que já tomei envolveram meu instinto."

"A intuição é tudo", diz um dos principais especialistas em capital de risco da Espanha, Iñaki Arrola. Um dos primeiros investidores de várias das maiores startups de tecnologia da Espanha, deu um exemplo durante uma entrevista para a *Forbes* sobre o poder da intuição. Ele estava jantando com um parceiro de negócios em potencial, em companhia das respectivas esposas. "Depois do jantar, minha esposa disse: 'Não entendo muito sobre números ou parceiros potenciais, mas esse cara vai lhe passar a perna'. Foi intuição. E ele passou mesmo".

Aprendi, da maneira mais difícil, que, se o seu instinto disser alguma coisa, você precisa escutar. Se tiver alguma dúvida persistente sobre alguém, tenha cuidado. Se sente algum desconforto em relação a uma negociação de *trading*, pare e reflita. Se tiver dúvidas persistentes sobre uma decisão de investimento, reveja-a.

Há alguns anos aprendi a escutar meu instinto e, desde então, meu processo de tomada de decisão melhorou. Alcançar seus objetivos financeiros é algo que se faz com a cabeça e com o coração. Sua cabeça é o lado esquerdo do seu cérebro, o pensamento baseado em fatos e a máquina de tomar decisões. Seu coração são seus instintos, suas reações basais, seu sexto sentido ou sua intuição.

Iñaki Arrola e sua esposa não estão sozinhos quando afirmam que seu sucesso financeiro se deve a dar atenção sempre ao que seu coração lhe diz, até mesmo quando a situação vai contra fatos e números concretos.

> Aquela voz discreta dentro da sua cabeça é muito mais poderosa do que você pode imaginar.

ENTRE EM AÇÃO

Abra espaço para a sua intuição
Não é possível esperar os momentos de intuição se você passa seus dias
correndo de uma tarefa para outra, com a cabeça com mil pensamentos
e ansiedade. Dê ao seu instinto a chance de ser ouvido, reservando um
tempo para relaxar e diminuir um pouco o seu ritmo de trabalho. Esteja
presente. Não se preocupe sobre ontem ou amanhã. Em vez disso, permita que pensamentos e sentimentos aleatórios entrem em sua mente.
Os lampejos de inspiração que surgem em sua cabeça nos momentos
tranquilos podem surpreendê-lo e podem ser a diferença entre ganhar
ou perder dinheiro em um investimento.

Junte-se a pessoas como Bill Gates, explorando os benefícios da
meditação. Em uma postagem em seu blog, ele descreveu como a meditação o ajudou a melhorar sua concentração e a sentir-se mais confortável
com as emoções e os pensamentos que ele tem em qualquer momento.
Tente explorar aplicativos de meditação para ingressar nessa prática.

Desenvolva sua capacidade de julgar pessoas
Conforme expandir sua fortuna, você terá de passar mais tempo
tomando decisões sobre outras pessoas, sejam seus futuros funcionários, empresas e parceiros de investimentos ou fornecedores. Seja como
Iñaki Arrola e sua esposa. Permita-se perceber o que você sente sobre
determinada pessoa. Você se sente confortável quando está com ela, com
sua personalidade e modo de agir? Todos nós julgamos as pessoas alguns
segundos após conhecê-las e, quanto mais tempo você passa com elas,
mais abrangente será a sua avaliação. Pergunte a si mesmo se essa pessoa
parece alguém em quem você pode confiar e com quem pode trabalhar.

72

O PASSADO NÃO PREDIZ O FUTURO

"O futuro não deve nada ao passado nem ao presente."

Você tem mais chances de investir em alguma coisa se conseguiu lucrar anteriormente com um investimento similar, mesmo que as evidências indiquem que o plano não vai funcionar tão bem dessa vez. Investidores chamam isso de reforço comportamental.

Os acadêmicos Brad Barber e Terrance Odean, da Universidade da Califórnia, demonstraram que nós temos uma probabilidade maior de reservar ações em um IPO (oferta pública inicial de ações) que está por vir se conseguimos um bom lucro em outro IPO recente, quaisquer que sejam os méritos reais do novo IPO e da empresa por trás dele. Somos ofuscados pelo sucesso passado.

Da mesma maneira, você precisa ter cautela quando confia demais em gráficos e tabelas de desempenhos anteriores que mostram dados históricos de qualquer coisa na qual você esteja interessado, desde fundos mútuos, mercados imobiliários e metais até índices da bolsa de valores e de ações individuais, títulos da dívida pública e outros bens patrimoniais. Preços de mercado frequentemente parecem se mover de maneiras bem previsíveis.

Um exemplo pode ser o preço de uma ação que sobe junto à sua linha de tendência média ou ainda quando o preço de uma ação não cai abaixo de pontos mínimos anteriores (chamados de níveis de suporte). Assim, tome cuidado para não se sentir confortável demais com a situação. Você nunca sabe realmente quando o preço de um bem patrimonial vai subir ou cair a níveis que estão longe dos níveis históricos, ou seja, quando caem abaixo das linhas de tendência média de movimentação nos últimos cinco ou dez anos ou então quando agem de maneiras que você não é capaz de prever se estiver confiando em tabelas históricas e dados passados.

> Desapegar-se do hábito de se concentrar no passado é algo
> que demanda esforço e prática.

ENTRE EM AÇÃO

Encare o passado com um toque de ceticismo

Pode ser muito reconfortante basear suas decisões de investimentos em tabelas de preços que mostram o quanto o bem patrimonial que você quer comprar vem crescendo em trimestres ou anos recentes. O gerente de relacionamento do seu banco ou o seu consultor financeiro também pode achar que esse é um negócio infalível. Mesmo assim, construa suas próprias ideias. Leia e pesquise por conta própria e peça opiniões a outras pessoas, se for necessário.

Repita com moderação

Não jogue montes de dinheiro em uma única direção apenas por causa de sucessos passados. Tenha cuidado quando quiser repetir um investimento enquanto ainda estiver com o anterior em mãos. Isso potencialmente dobra a sua exposição à possibilidade de que o investimento azede. Sempre limite a quantia de dinheiro a ser alocada em qualquer investimento e não jogue todo o dinheiro que você tem de reserva num investimento apenas porque ele teve bons resultados no passado. Trate cada decisão de investimento como uma oportunidade distinta e única de investir.

73

SAIBA AS CONSEQUÊNCIAS DAS SUAS ESCOLHAS

"Toda escolha tem suas consequências. Pessoas de sucesso sabem disso e sempre escolhem com sabedoria."

A vida é feita de consequências. Você escolhe uma carreira em vez de outra, um sócio em vez de outra pessoa; você concorda em passar a semana ajudando um cliente, o que o força a dispensar a oportunidade de trabalhar com outro. Você faz essas escolhas a todo momento porque você, seu tempo e seu dinheiro não podem estar em dois lugares ao mesmo tempo.

Uma consequência das suas escolhas, ou o custo da oportunidade, como também é chamado, é um conceito muito importante a ser compreendido quando você está construindo sua fortuna. A ideia é que, uma vez que tenha investido seu dinheiro em uma alternativa, esse montante não está mais disponível para ser investido simultaneamente em outra coisa. Se escolher a opção A, consequentemente, você perde os benefícios da opção B.

Às vezes parece simples, mas a vida nunca é tão descomplicada assim. Você pode fazer uma pausa na sua carreira para cursar um MBA executivo em uma das melhores escolas de negócios, mas o emprego e os ganhos salariais após o MBA têm de estar equilibrados com aquilo que você sacrificar na trajetória da sua carreira, na sua remuneração e nos custos para consegui-la.

> Não subestime os custos de oportunidade de nenhuma decisão. Pense no que você pode perder se escolher uma alternativa em detrimento de outra.

ENTRE EM AÇÃO

Mantenha os custos das oportunidades em um nível mínimo e tenha em mente uma visão geral e mais ampla quando estiver tomando decisões.

Não ignore custos óbvios de oportunidades

Às vezes você pode não perceber um alto custo de oportunidade bem debaixo do seu nariz. Por exemplo, tenha cuidado quando preferir postergar a liquidação de algumas dívidas, mesmo que tenha condições de pagá-las de imediato, com fundos que estão prontamente disponíveis. Imagine que você tenha uma dívida de R$10 mil no cartão de crédito, pela qual você paga o equivalente de 18% em juros ao ano enquanto, ao mesmo tempo, você tem mais de R$10 mil em ganhos de investimentos, antes da incidência dos impostos, com rendimento aproximado de 6 a 8% ao ano, em média. Você se sente confortável com esse custo de oportunidade? Faz sentido manter seu investimento com rendimento de 6% ao ano em vez de liquidar parte dele para saldar sua dívida com juros de 18% ao ano?

Livre-se de investimentos que não rendam o suficiente

Não faz sentido ter investimentos que não rendam o suficiente quando você pode vendê-los e usar o montante para fazer investimentos mais lucrativos. Por exemplo, se investiu em um imóvel que é difícil de ser alugado, você, na prática, tem um bem patrimonial, talvez com uma hipoteca para ser paga, que não gera renda. Em vez disso, você pode vendê-lo e investir em um imóvel que seria mais fácil de alugar, lembrando-se de considerar o potencial de valorização do imóvel nos dois locais quando for tomar a decisão.

74

BUSQUE AJUDA DE MENTORES

"Valorize qualquer pessoa que ceda seu tempo para lhe mostrar o caminho e ensiná-lo sobre obstáculos e problemas que existem à frente."

A definição de mentoria, de acordo com o Conselho Europeu de Coaching e Mentoria é "um processo de desenvolvimento que envolve uma transferência de habilidades ou conhecimento de uma pessoa mais experiente para uma pessoa menos experiente". Se você já participou de uma mentoria, sabe que esse é um processo tipicamente feito por meio de uma combinação de ensinamentos, compartilhamentos e pelo reconhecimento do mentor como um modelo a ser seguido.

A lista de maneiras pelas quais um mentor pode ajudar é infinita. Ele pode lhe dar conselhos sobre onde estudar, como compreender uma situação que está enfrentando, como se tornar bem-sucedido, como investir ou como ter um bom relacionamento com um chefe difícil. E é algo que está crescendo em popularidade, especialmente nos locais de trabalho. Novos funcionários frequentemente são indicados para acompanhar um colega mais experiente que possa agir como mentor, ajudá-los a se acostumar com o novo cargo e entender como podem ter sucesso na empresa.

Poder ter acesso direto às experiências de outra pessoa é muito profundo — ainda mais do que ler a respeito em um livro ou assistir em um vídeo. Quando está em mentoria, você pode ter conversas profundas e muito significativas para os dois lados. Você pode consultar, verificar as informações e fazer perguntas para esclarecer suas dúvidas.

> Encontrar um mentor com energia, paixão e entusiasmo pode ser exatamente o que você precisa para dar o pontapé inicial nos seus planos de criação de riqueza.

ENTRE EM AÇÃO

Passe o seu tempo com modelos a serem seguidos
Se você realmente quer saber como se tornar milionário, por que não pede a um deles para compartilhar sua experiência com você? Não é tão difícil encontrá-los. Pela última contagem, há mais de 42 milhões de milionários espalhados por todo o mundo, de acordo com um relatório do Credit Suisse de 2018.

Assim, talvez você não esteja em uma posição de bater à porta da casa de um multimilionário e dizer: "Por favor, você pode ser meu mentor?". Talvez não esteja pronto para um evento de networking na ilha Necker, de Richard Branson, por exemplo. Mas você pode perguntar para as pessoas que estão em sua comunidade.

Quando encontrar um possível mentor, explique quais são suas aspirações e como você espera que ele possa lhe ajudar. Construa um bom relacionamento, estabeleça uma relação de confiança e, se possível, tente se encontrar presencial e regularmente com o mentor. Agradeça-lhe pagando a conta do café ou do almoço.

Aprenda on-line
Não é a mesma coisa que se sentar frente a frente para conversar, mas reuniões presenciais nem sempre são possíveis. Felizmente, há muitas maneiras de aprender na internet.

Há muitos sites dedicados a fornecer conselhos no estilo das mentorias, e isso inclui ajudar pessoas como você, que querem alcançar suas metas financeiras e construir riqueza. A mentoria financeira é um processo em que um profissional especializado auxilia na gestão do seu dinheiro. Na prática, o mentor financeiro oferece um atendimento individualizado e também com regularidade a ser combinada por ambas as partes.

Durante os aprendizados, o mentor irá desenvolver conhecimento e hábitos sobre fluxo finanaceiro, ajudando a estabelecer metas e driblar obstáculos.

Participe de eventos repletos de especialistas
O "Mentworking" é um termo que combina networking e mentoria. A ideia é encontrar e participar de eventos de networking que lhe dão a oportunidade de conhecer mentores em potencial.

Tente ser convidado para eventos nos quais haja pessoas com um grande patrimônio líquido, inscreva-se para palestras sobre liderança com personalidades reconhecidas ou participe de seminários sobre empreendedorismo. Faça um esforço para estar no mesmo salão onde estejam as pessoas que você quer emular.

75

TIMING É TUDO

*"Nunca conheci ninguém que sempre soubesse
quando os mercados vão subir ou cair."*

A maioria dos investidores tem um histórico ruim com o *timing*. O fato é que, na verdade, é difícil comprar e vender exatamente no momento certo. Os retornos financeiros anuais de investidores individuais ou de varejo tipicamente ficam atrás dos fundos administrados — por cerca de até 1,4% ao ano, de acordo com um estudo feito nos Estados Unidos pela Morningstar, Inc.

Nem todos os investidores individuais têm resultados piores do que grandes fundos administrados, mas há uma coisa que acontece tipicamente com aqueles que entendem da maneira errada: eles entram e saem de investimentos nos momentos incorretos, vendendo antes que os preços tenham parado de subir.

Na realidade, o que acontece é que os profissionais chegam a ter apenas um resultado pouco melhor do que eu e você, porque é difícil para qualquer investidor ter um desempenho muito melhor do que a média dos retornos de um mercado. Ainda em 2015, o *Financial Times* publicou um relatório que mostrava que, nos últimos trinta anos, o investidor médio conseguiu um retorno anual de apenas 3,79%, comparado com o retorno geral do mercado (de acordo com o índice da S&P 500) de 11,6% por ano. Para mim, a impressão que isso passa é que o investidor médio está fazendo investimentos ruins.

Em 2017, o *The Economist* disse que é difícil para investidores individuais escolherem administradores de fundos que terão um desempenho melhor do que seus colegas. Há uma certa tendência entre investidores em que eles se afastam de administradores de fundos para investirem diretamente em fundos em moeda estrangeira que acompanham passivamente índices de referência no mercado como o FTSE 100 e o S&P 500. Fundos passivos, tipicamente, também cobram taxas mais baixas do que fundos ativos ou baseados em câmbio. A menos que você esteja convencido de que tem uma noção perfeita de *timing*, pode fazer mais sentido considerar outras estratégias.

> Aceite que não é possível prever como os mercados vão variar.

ENTRE EM AÇÃO

Adote uma estratégia de "média do custo em dólar"
Pare de tentar cronometrar o mercado. É muito difícil, mesmo para profissionais, saber quando entrar e quando sair. Em vez disso, se você está investindo numa determinada classe de bens patrimoniais ou produtos, seja consistente e invista uma quantia igual todo mês. Considerando os movimentos dos preços, em alguns meses você conseguirá comprar mais quando o preço estiver baixo e menos quando o preço subir.

Você pode investir dessa maneira em qualquer coisa que seja comprada e vendida: fundos, títulos da dívida pública, títulos do Tesouro, ações individuais e outros bens patrimoniais, como ouro. Com o tempo, você vai comprar uma cesta de produtos a preços de mercado e provavelmente terá retornos maiores do que se estivesse entrando e saindo do mercado como um investidor individual. Isso se chama "média do custo em dólar". Como exemplo, imagine que você investe R$500 todos os meses e o retorno anual médio do bem ou do fundo no decorrer de vinte anos é de 6%. Depois de duas décadas, você terá acumulado R$232.175,55. Insira os montantes mensais que você pode investir junto à porcentagem de retorno anual esperada. Lembre-se de que esses valores de retorno são brutos, antes da incidência dos impostos.

Você pode preferir investir uma soma maior, inicialmente, e aumentar o seu investimento conforme tiver dinheiro disponível. Nesse caso, você pode investir o dinheiro em um fundo ou plano de pensão. Não toque no dinheiro depois de investi-lo, simplesmente deixe que cresça.

Fundos são uma boa aposta para investimentos regulares
Encontre um fundo com um bom histórico de rendimentos, idealmente com taxas e custos menores. Considere a possibilidade de investir em

fundos em moeda estrangeira. São fundos passivos ligados a índices de mercado. Eles tendem a cobrar taxas menores. Entretanto, cuidado com "erros" na evolução desses fundos, que às vezes ocorrem quando um fundo não acompanha precisamente a variação do índice que deve emular.

76

TENHA UM ESTILO DE VIDA SAUDÁVEL

"Livre-se dos seus maus hábitos e você pode ganhar muito tempo extra."

Ninguém nunca ficou rico simplesmente sentando-se no sofá para assistir à TV. Um empreendedor chamado Andrew Ferebee entrevistou quatrocentas pessoas ricas nos Estados Unidos e descobriu que elas assistem TV, em média, menos de uma hora por dia. Isso pode ser comparado ao hábito de assistir TV da média das pessoas, que é de quatro horas por dia, tanto nos Estados Unidos quanto no Reino Unido, de acordo com dados do Statista. Pense nisso por um minuto. Pessoas bem-sucedidas financeiramente têm três horas a mais por dia para fazer tarefas produtivas, enquanto o restante está sentado no sofá.

Há estatísticas parecidas para o tempo gasto com o uso de mídias sociais e jogos. A maioria das pessoas simplesmente usa mal o tempo que tem em atividades improdutivas. Livre-se de maus hábitos — especialmente, aprenda a ficar longe do seu smartphone — e você dará a si mesmo a dádiva do tempo.

O mesmo se aplica à saúde em geral. Em média, pessoas ricas se exercitam mais, comem de maneira mais saudável e dormem melhor do que a média das pessoas. Muitos estudos notam isso, e as próprias pessoas mais ricas têm suas observações: Richard Branson escreveu sobre os benefícios de se exercitar e sobre como essa atividade mantém seu cérebro funcionando bem, enquanto Jeff Bezos falou sobre dormir oito horas todas as noites.

> Para ganhar dinheiro, você precisa ser criativo, inovador e estar pronto para trabalhar duro.

ENTRE EM AÇÃO

Desligue a tela
Para construir riqueza, você precisa se manter atento, focado e alerta ao mesmo tempo que consegue ser tranquilo e capaz de manter as emoções sob controle. Para conseguir tudo isso, é preciso adotar certos hábitos. Começando hoje, você vai cortar radicalmente o tempo que passa entretido com telas.

Coma de maneira inteligente todos os dias
Comer de forma saudável resulta em uma mentalidade mais positiva e mais energia. Em um estudo de 2015, publicado no *British Journal of Health Psychology*, os participantes tiveram seu consumo alimentar, sentimentos e comportamentos monitorados por duas semanas. O estudo descobriu que uma dieta composta por muitas frutas e legumes se correlacionava a maior felicidade e satisfação com a vida, e também que uma dieta como essa pode contribuir para aumentar a curiosidade e a criatividade.

Exercite-se tanto quanto possível
Inúmeros estudos mostram a importância de exercícios físicos para a sua saúde e bem-estar em geral. Não é preciso ir muito além de um estudo conduzido nos Estados Unidos e publicado em 2013 no jornal *Psychology and Aging*, que encontrou evidências de que o aumento da atividade física está ligado a melhoras no desempenho cognitivo.

Durma bem e medite
Apenas uma quantidade muito pequena de pessoas é capaz de funcionar bem com menos de sete horas de sono por noite. É hora de começar a dormir mais — idealmente, isso significa ir para a cama cedo e acordar cedo para conseguir prontidão mental e emocional, além de equilibrar suas necessidades.

77

NÃO É O FIM DO MUNDO

"Quando você acha que está enfrentando uma catástrofe, pergunte a si mesmo: isso vai ter alguma relevância daqui a dez anos?"

Em um estudo publicado pelo *The Journal of Nervous and Mental Disease*, 72 adultos que perderam suas economias para a aposentadoria em uma fraude bancária foram monitorados durante um determinado período. Depois de vinte meses da perda, 29% deles sofria de depressão grave em comparação com 2% da população normal.

Em outro estudo publicado pelo *Journal of Health Economics*, os participantes que perderam reservas financeiras na crise da bolsa de valores que ocorreu em 2008 demonstraram sintomas mais pronunciados de depressão e ainda um significativo aumento no uso de medicamentos antidepressivos.

O investidor médio é afetado de maneira muito grave por grandes perdas financeiras. "Devastado" seria uma descrição melhor para a situação. Como você agiria se perdesse toda a sua riqueza ou se o seu fundo de pensão implodisse?

Coisas como essas acontecem e, de repente, você está de volta à estaca zero. Imagine ter de voltar ao mercado de trabalho ou então assumir um segundo emprego, mudar-se para uma casa menor ou reduzir seu padrão de vida.

Por mais difícil que possa parecer, é melhor aceitar que você vai enfrentar obstáculos no caminho. Por mais devastador que isso possa parecer agora, não há muitas coisas na vida que ainda importam daqui a dez anos, por exemplo.

> Lembre-se de que, se você construiu algo uma vez, sempre é possível fazer isso de novo.

ENTRE EM AÇÃO

Não se preocupe com as pequenas (ou com as grandes) coisas
Como se tornar o tipo de pessoa capaz de enfrentar problemas sem se
deixar abalar? Não posso simplesmente lhe dizer para não se preocupar
com as pequenas coisas — ter sua casa tomada pelo banco ou perder
toda a sua riqueza na quebra da bolsa de valores dificilmente poderia
ser chamado de "pequena coisa". A questão, aqui, é como não se deixar
abalar por qualquer coisa, seja pequena ou grande.

Quando se deparar com perdas financeiras significativas, você precisa seguir em frente e continuar levando a vida positivamente, reconstruindo a riqueza começando do zero, se assim decidir. O segredo são a
resiliência e o foco: estar emocionalmente estável e manter uma postura
positiva.

Dinheiro não é tudo. É fácil dizer isso quando se tem dinheiro, e
não tão fácil quando se é pobre. Mas é verdade. O dinheiro não é tudo.
Encontre a sua própria perspectiva equilibrada sobre a riqueza e lembre-se, conforme a construir, de dar atenção a todos os aspectos da sua
vida. Assim, se algum dia você perder uma grande parcela da sua fortuna,
sua vida não vai sofrer um abalo tão grande.

78

LEIA OS TERMOS E CONDIÇÕES

"Alguns detalhes bem irritantes se escondem entre as letras miúdas."

Você já teve um daqueles momentos em que pensa: "Se pelo menos eu tivesse lido os termos do contrato de investimento...". Nós somos inundados todos os dias com termos e condições, contratos e acordos. Eles vêm pelo correio, por e-mail e por aplicativos do celular. Quando foi a última vez que realmente leu algum desses com atenção? Você chega a ler aqueles que são grandes e realmente importantes, como por exemplo o seu contrato de financiamento hipotecário, os termos do seu seguro para viagens, o contrato de locação de carros ou o contrato de seguro de vida?

A questão é que a vida é muito melhor se você puder levá-la sem precisar ler a papelada, mas pode lhe custar um preço alto — em termos de dinheiro e estresse — se não o fizer. Você pode achar que entrar no cheque especial é algo que tem um bom custo-benefício, mas já deu uma olhada na taxa de juros e nas tarifas descritas no contrato para ter certeza? Você pode querer pagar o financiamento da sua casa antes do prazo, mas tem noção de quais são as tarifas para pagamento antecipado que constam no seu contrato?

Desenvolva o hábito de ler toda a documentação, ou pelo menos de fazer uma leitura rápida para compreender que tipos de multas e tarifas podem surgir como surpresas mais adiante. Logo vai se acostumar ao tipo de coisas que está procurando e conseguir identificar onde estão escondidas essas informações extras. Lembre-se de cada seção ou de cada cláusula para ter certeza de que conhece os valores, as tarifas, as multas e os prazos.

Quando tiver de lidar com documentos importantes, considere a hipótese de pedir a alguém, talvez um advogado ou contador, que verifique os detalhes para você.

> Ler os termos e condições pode ser extremamente tedioso
> e chato — mas pode ser a diferença entre o sucesso e o
> fracasso financeiros.

ENTRE EM AÇÃO

Caveat emptor (comprador, cuidado!)

É muito fácil se queimar por não ter lido as letras miúdas do contrato. Lembre-se: conhecimento é poder. Reserve algum tempo hoje mesmo para verificar alguns documentos financeiros essenciais:

- Você entende claramente o que o seu plano de saúde cobre?
- Seu cartão de crédito dá doze meses de garantia extra quando você compra eletrodomésticos da linha branca, por exemplo?
- Um contrato de sigilo com um potencial investidor deixa você com as mãos atadas demais?
- Com sua própria apólice de proteção de renda, os benefícios são pagáveis quando você não pode se dedicar somente à sua "própria" ocupação ou quando não tiver ocupação nenhuma?
- O plano de seguros para viagem do seu banco realmente vale a pena?
- O seu contrato de acionista dá controle demais a outras pessoas?
- Para que o seu seguro da casa cubra situações de arrombamento e invasão, você precisa usar trancas e fechaduras de marcas específicas?
- O seu seguro de férias cobre tudo o que você vai fazer enquanto estiver fora?
- O que está faltando na sua lista de doenças críticas cobertas pelo plano de saúde?
- A sua apólice de proteção de renda tem exceções demais?

Períodos de carência

Faça uma pausa se precisar de tempo antes de assinar e concordar com alguma coisa. Quando se comprometer, às vezes há uma oportunidade de mudar de ideia. No Reino Unido, uma empresa que lhe venda produtos financeiros (tais como ISAs, seguros, planos de aposentadoria etc.) deve dar informações claras em um documento de características-chave ou informações-chave ao investidor, incluindo o seu direito de cancelar o produto, os prazos e quaisquer taxas cobradas ao fazer isso.

79

GUARDE SEUS OVOS EM VÁRIAS CESTAS

"Não existe uma única cesta que seja segura o bastante para proteger todos os seus ovos o tempo inteiro."

Imagine que você investiu todo o seu dinheiro em imóveis em Londres e está usando o Airbnb para criar um fluxo contínuo de renda de aluguel, 365 dias por ano. Tudo está indo bem até que a restrição da "regra das noventa diárias", que só permite que os imóveis de Londres sejam alugados durante noventa dias por ano, entre em vigor. Além disso, os preços dos imóveis em Londres caíram. Você, metaforicamente, colocou todos os seus ovos em uma cesta só e agora está pagando o preço. É muito tentador manter as coisas simples — todo o seu dinheiro em um mesmo banco, investir apenas em um pequeno número de empresas ou ter imóveis no mesmo bairro —, mas é muito perigoso.

Com uma única cesta, você corre o risco de perder toda a sua riqueza. Com um portfólio que não seja muito diversificado, um risco não é contrabalançado por outro. Quando um dos bens perde valor ou sua taxa de retorno cai, você não tem outros bens para equilibrar a equação — nenhum investimento que possa manter seu valor e retornos enquanto os outros caem. O risco não foi diversificado.

O ideal é realmente diversificar, criar um portfólio de bens patrimoniais que não vão variar de valor todos ao mesmo tempo, na mesma direção. Esse tipo de diversificação contempla duas coisas:

- Tudo tem riscos, até mesmo dinheiro em espécie. Em casos extremos, a economia de um país pode entrar em colapso, levando à hiperinflação, em que o dinheiro perde totalmente o seu valor;
- Espalhar seus investimentos limita a sua exposição a eventos que possam influenciá-los, tais como uma desvalorização do dólar,

uma empresa que vai à falência ou uma economia de mercado emergente que dá alguns tropeços.

> Se tiver dúvidas, diversifique e aplique sua riqueza em diferentes áreas.

ENTRE EM AÇÃO

Aja como um gerente de investimentos profissional

Nenhum gerente de investimentos profissional vai ter o mesmo portfólio que outro; cada um tem uma tolerância a riscos, clientes, metas e finalidades diferentes. Em média, o investidor de varejo típico do Reino Unido tem uma mistura de *equities* (ações — 77%), títulos (renda fixa — 33%) e imóveis residenciais (30%), de acordo com uma pesquisa do site syndicateroom.com. Nos Estados Unidos, uma pesquisa de 2018 feita pela AAll Asset Allocation descobriu que investidores individuais têm, em média: ações (34%), fundos de ações (31%), títulos (3%) e fundos de títulos (12%) e dinheiro vivo (20%). Essas porcentagens sobem e descem o tempo todo conforme os investidores e gerentes de investimentos reagem a mudanças no mercado.

Profissionais fazem análises e pesquisas para criar os melhores portfólios. Eles tipicamente fazem a alocação dinâmica de bens patrimoniais, o que envolve redistribuir os bens entre várias classes de acordo com as probabilidades de preços de mercado e retornos esperados, comparados com riscos em cada classe de bens. Como resultado, seus investimentos geram múltiplos fluxos de renda. Demanda tempo, expertise e autoconfiança para encontrar uma mistura adequada — e é por isso que tais pessoas são profissionais. Seu desafio é decidir se você tem o que é preciso para emulá-los, mantendo uma carteira diversificada de bens patrimoniais e redistribuindo-os conforme o necessário para alcançar um equilíbrio otimizado, ou escolher a opção mais fácil, que é investir em fundos e deixar que o seu gerente de investimento administre seu dinheiro. Se tiver dúvidas, o melhor a fazer é escolher a segunda opção.

80

CORTE SUAS PERDAS

"Assim que perceber que está cavando um buraco, pare e saia dele."

Muitos investidores têm o hábito de vender ótimos ativos cedo demais e segurar investimentos ruins por muito tempo, se recusando a vender mesmo quando o preço está caindo bem diante dos seus olhos. Isso é conhecido como aversão a perdas, ou o efeito da disposição — um padrão de comportamento em que os investidores tendem a vender bens patrimoniais que subiram em valor enquanto mantêm em seu poder aqueles que caíram, preferindo receber os lucros, frequentemente cedo demais, enquanto evitam realizar quaisquer perdas com os papéis.

Recuperar perdas, estatisticamente, é muito difícil. Isso acontece por causa da natureza das mudanças em porcentagem. Considere o seguinte exemplo:

- Você decide manter uma ação que está se desvalorizando, que originalmente comprou por R$900. Você poderia ter vendido a qualquer momento, mas você a deixa cair 20% até que ela chegue a um novo preço de mercado de R$720 (ou seja: 900 × 0,8) antes de vender;
- Para retornar ao seu preço original, você pode imaginar que a ação teria simplesmente de aumentar seu valor em 20%, certo? Errado. Quando R$720 aumentam em 20%, seu novo valor é de R$864 (ou seja: 720 × 1,2);
- Para que possa recuperar o valor original de R$900, os R$720 precisam aumentar 25%. E conseguir um ganho de 25% em um investimento demanda um esforço maior do que deixá-lo se desvalorizar em 20%.

> Quando foi a última vez que você cortou suas perdas?

ENTRE EM AÇÃO

Esteja mentalmente pronto para parar de cavar
Quando estiver em uma sequência de perdas, esqueça os custos que teve até o momento — o esforço e o dinheiro investidos. Esqueça a possibilidade de recuperar a perda. Em vez disso, concentre-se no que você tem a ganhar se cortar suas perdas, em vez daquilo que tem a perder. O trabalho dos psicólogos Chin Ming Hui e Daniel Molden, da Northwestern University, mostra que a melhor maneira de agir quando estiver "reduzindo seus compromissos com alguma coisa", tais como apegar-se a um investimento que dá prejuízo, é olhar para os aspectos positivos. Pense no dinheiro recém-liberado como algo que, agora, você pode investir em bens lucrativos.

Use ferramentas para ajudá-lo
Com ações, você pode acertar ordens de parada com o seu corretor ou colocá-las em seu software de *trading*. São instruções para vender a ação quando ela cair abaixo de um determinado valor calculado para limitar suas perdas. No exemplo da ação de R$900, você pode estabelecer uma ordem de parada de 10%. Isso significa que o corretor vende as ações quando o preço chegar a R$810 (ou seja: 900 × 0,9), limitando a sua perda a somente R$90 por ação.

Diferencie os investimentos de longo prazo
Você pode encarar seus investimentos a longo prazo, os bens que você decide manter consigo durante os altos e baixos dos ciclos, de maneira diferente. Com esses bens, como as contribuições que você faz para quaisquer fundos, não é preciso se preocupar em cortar suas perdas. A exceção, é quando alguma catástrofe acontece e uma das empresas nas quais você está investindo sofre algum choque, o preço de suas ações desaba e o prospecto de falência surge com força. Seria prudente, neste momento, descarregar todas as suas ações assim que possível.

81

INVISTA DE MANEIRA SUSTENTÁVEL

> *"Como você é capaz de ficar sentado sobre uma pilha de ouro quando as pessoas ao seu redor estão com dificuldades para pagar suas contas?"*

Você quer aumentar sua fortuna e exercer impacto positivo no mundo ao mesmo tempo? Investir eticamente está ganhando popularidade, em particular entre os mais jovens. De acordo com uma pesquisa do Morgan Stanley, 82% dos *millenials* com um grande patrimônio líquido estão interessados em estratégias de investimento éticas e sustentáveis, comparando-se com 45% de todos os indivíduos com grande patrimônio líquido.

Você pode ter lido sobre investimentos sustentáveis, investimentos com impacto ou investimentos éticos. Cada vez mais, nossas decisões sobre investimentos e alocação são baseadas nesses critérios. Coletivamente, tais investimentos são denominados de investimentos sustentáveis e de impacto (SII, da sigla em inglês).

Há vários exemplos que podem ser citados: a pesquisa global sobre investidores ricos Investor Watch de 2018, do UBS, descobriu que 39% dessas pessoas têm investimentos sustentáveis em seus portfólios; em 2017, o Fundo de Investimentos e Pensões do Japão, que é o maior fundo de pensão do mundo, fez uma parceria com o World Bank Group para promover investimentos sustentáveis; e o fundo de riqueza soberana da Noruega declarou em 2017 que iria se desfazer de todos os seus investimentos em petróleo e gás, que, juntos, totalizam cerca de 27 bilhões de libras.

Há muitos fóruns, eventos e organizações com foco em SII, tais como a Global Impact Investing Network. O crescimento de indústrias tais como as que trabalham com eficiência energética, água limpa e agricultura sustentável está constantemente criando novas oportunidades de investimento SII.

> Investimentos sustentáveis são um setor ao qual devemos prestar atenção, tanto pelo bem da sua carteira quanto da sua consciência.

ENTRE EM AÇÃO

Invista seu dinheiro com os defensores da sustentabilidade

De acordo com a Schroders, defensores da sustentabilidade são investidores institucionais comprometidos a aumentar a parcela de investimentos sustentáveis em seus portfólios. Um terço de todos os investidores pesquisados em 2018 pelo Schroders caíram nessa categoria. Além disso, muitos gerentes de fundos ou de portfólios se comprometeram a seguir os Princípios para Investimentos Responsáveis promovidos pela Organização das Nações Unidas (ONU).

Invista em fundos sustentáveis

Coloque seu capital em "índices socialmente responsáveis" tais como o índice social MSCI KLD 400 ou o FTSE4Good UK. Eles são compostos por empresas com perfis fortes de sustentabilidade e ética.

Você aceita receber retornos mais baixos?

Há evidências de que, ao investir em SII, os retornos dos seus investimentos podem ser menores do que se você investisse em outros ativos. Um artigo de 2018 do *Financial Times* demonstrou que o fundo de pensão estatal norueguês havia perdido quase 2% do retorno no decorrer dos últimos dez anos por não investir em empresas consideradas eticamente deficientes, em áreas como a manufatura de armas e extração de carvão mineral.

Mas retornos menores podem não ser inevitáveis. Outros dados mostram que os retornos podem ser ainda maiores do que aqueles conseguidos com investimentos convencionais. A revista britânica *Money Week* publicou em 2018 que, durante os cinco anos anteriores, o índice FTSE4Good UK retornou 60% (com os dividendos reinvestidos) quando comparado ao retorno de 51% do FTSE 100.

82

NUNCA É TARDE DEMAIS PARA COMEÇAR

"A idade é apenas um número. Como vivemos mais, temos mais tempo e oportunidades para realizar todos os sonhos e alcançar as metas imagináveis."

Nunca é tarde demais para começar algo realmente grandioso:
- Mahathir Bin Mohamad se tornou primeiro-ministro da Malásia depois dos 90 anos;
- Jens Skou, vencedor do prêmio Nobel, começou a aprender programação de computadores depois dos 70 anos;
- Vera Wang esperou até ter passado dos 40 anos para dar início ao seu império da moda;
- Harland Sanders começou o KFC depois dos 60 anos;
- John Pemberton criou a Coca-Cola quando já tinha passado dos 50 anos;
- Ray Kroc fundou o McDonald's depois dos 50 anos;
- Robin Chase já tinha mais de 40 anos quando criou a Zipcar.

As evidências indicam que começar um negócio em uma fase mais avançada da vida aumenta suas chances de sucesso. Em um estudo intitulado "Idade e empreendedorismo de alto crescimento", os pesquisadores chefiados por Pierre Azoulay, do MIT, descrevem que, se o criador de uma startup estiver na faixa dos 50 anos, há uma probabilidade quase duas vezes maior de conquistar altos níveis de crescimento empresarial quando comparado a um fundador de trinta anos. Experiência e sabedoria parecem contar para alguma coisa.

Quando se trata de poupança e investimentos, é sempre melhor começar assim que for possível, mas mesmo quem começa mais tarde ainda pode ter bons resultados. Imagine que você consiga economizar

R$1.000 a cada mês; presumindo um retorno anual médio de 3%, vejamos o quanto você teria, antes da incidência dos impostos, quando chegar aos 65 anos:

Idade em que você começa a poupar	Valor intrínseco da ação	Juros totais recebidos	Saldo bancário total
20	R$540.000	R$603.000	R$1,14 milhão
30	R$420.000	R$323.000	R$743.000
40	R$300.000	R$147.000	R$447.000
50	R$180.000	R$48.000	R$228.000

> As evidências indicam que começar um negócio em uma fase avançada da vida aumenta suas chances de sucesso.

ENTRE EM AÇÃO

Mantenha aquelas ideias de negócios fluindo

A cultura e a mídia, atualmente, têm obsessão pela juventude, mas não interessa se você é uma pessoa de trinta anos lutando para viver com um salário baixo, uma pessoa de quarenta que recentemente foi demitida, uma pessoa de cinquenta que se aposentou cedo ou uma pessoa de 65 anos que vive com a aposentadoria do governo, você ainda tem muito a oferecer.

Acredite em seus sonhos, independentemente de serem anseios de abrir sua própria empresa ou então de conquistar a independência financeira para você e sua família. Pessoas jovens têm a vantagem da energia, mas, quando você é mais velho, tem mais experiência e sabedoria.

É possível ter sucesso como empreendedor das duas maneiras; tudo depende da mentalidade que cultiva, de acreditar, da determinação e do desejo que possui. Esqueça a sua idade e aja com energia e interesse. O estudo de Azoulay descobriu que a média de idade dos fundadores de startups é 42 anos, e chega a 45 para as startups que crescem mais rapidamente.

Comece a poupar e investir hoje

O mesmo vale para poupar e investir. Fique atento a ofertas especiais para pessoas mais velhas. Pesquise para saber o que está disponível atualmente.

83

PREPARE-SE PARA ENFRENTAR TEMPESTADES

> *"Cresci na Inglaterra e aprendi a sempre levar um guarda-chuva comigo. E levei esse aprendizado para os meus investimentos financeiros."*

Em uma situação de vida ou morte, você pode chamar os serviços de emergência. Mas o que faz caso perca a sua renda? E se você inesperadamente perder seu emprego, sua empresa ou seus investimentos? Qual é a reserva que tem?

Já vimos que muitas pessoas têm pouco dinheiro poupado. Mas é pior do que você imagina. O banco First Direct do Reino Unido descobriu que 7% da população têm reservas totais de menos de 250 libras, estimando que uma pessoa pudesse sobreviver por cinco dias com essa quantia, baseada em despesas mensais médias de 1.536 libras por família.

Como você pode planejar a construção de sua riqueza se não é capaz de sobreviver nem a uma semana sem receber renda? A verdade é que isso pode ser feito, mas é algo muito estressante. O que você realmente precisa ter é uma reserva com a qual possa contar.

> Você vai se arrepender de tentar sobreviver a uma crise sem nada para mantê-lo financeiramente seguro.

ENTRE EM AÇÃO

Decida o quanto você quer ter no seu cofrinho para emergências
As melhores práticas sugerem manter uma quantia suficiente em reservas para conseguir viver por pelo menos alguns meses. Para calcular isso,

você precisa listar suas despesas e determinar seus pagamentos mensais essenciais. Mantenha um fundo de emergência equivalente a pelo menos três meses dessas despesas; o ideal é ter o equivalente a seis meses, se possível. Coloque esse dinheiro em uma conta de investimento separada, que pague juros e que você possa ter acesso rapidamente, se precisar.

Busque ser o dono do imóvel onde você mora
Não é possível se concentrar em objetivos focados no sucesso se você vai dormir com a ameaça de se tornar uma pessoa sem-teto. É muito mais fácil sobreviver a momentos difíceis quando você é o dono da casa onde mora, evitando ataques de pânico por não ter condições de pagar o aluguel ou as parcelas do financiamento.

84

ENTENDA OU CAIA FORA

"Tome cuidado quando for jogar com o dinheiro.
Se não souber as regras, você vai perder."

Um dos principais conselhos de Warren Buffett é nunca investir em negócios que você não entenda ou não tenha nenhum conhecimento. O mesmo preceito se aplica ao dinheiro. Nunca o aplique em nada — ações, derivativos ou outros produtos financeiros — que você não seja capaz de explicar para outra pessoa.

Pode até ser empolgante fazer algo que você não compreende por completo. É algo que talvez leve a descobertas inesperadas. Mas quando o seu dinheiro está envolvido, a empolgação pode se transformar facilmente em desalento.

Em termos de produtos financeiros, há centenas deles e muitos são difíceis de serem compreendidos. Às vezes, até mesmo os nomes dos produtos são complicados, o que deveria servir como um alerta em si mesmo para que os evitemos; veja, por exemplo, o caso do Velocity Shares Daily Inverse VIX Short-Term exchange-traded note (XIV), um produto de investimento que o Credit Suisse parou de oferecer em suas operações de *trading* depois que ele perdeu 93% do seu valor em um único dia.

Você provavelmente vai perder algumas oportunidades como resultado disso. Buffett perdeu a oportunidade de ser um dos primeiros a investir na Amazon e no Google, mas ele não se arrepende da sua decisão, e você também não deveria se arrepender das suas. É melhor estar seguro do que ter de correr atrás do prejuízo.

> *"Se você não consegue explicar a questão*
> *de maneira simples, é porque não a compreende*
> *suficientemente." – Albert Einstein*

ENTRE EM AÇÃO

Você consegue explicar em termos simples?
Tenha como princípio sempre ser capaz de explicar a outra pessoa os investimentos nos quais você está colocando seu dinheiro usando termos simples. Se não conseguir passar nesse teste, você sabe o que tem que fazer.

Se estiver planejando investir em uma empresa startup, garanta que você compreende o modelo de negócios. Não é o bastante que outra pessoa entenda do assunto. O fundador da empresa pode ser incrivelmente apaixonado e pode ser óbvio que ele entende do que faz. Mas será que você entende e é capaz de explicar?

Se estiver investindo em produtos financeiros, não confie nos altos retornos em potencial descritos pelos gerentes de relacionamento do seu banco. Eles são pagos para dizer isso. Seja especialmente cético quando nem mesmo eles são capazes de explicar em termos simples o que estão tentando vender.

85

NÃO SEJA UMA LEBRE

"Se você ignorar as instruções antes de montar os móveis, não fique surpreso ao descobrir que uma perna está mais curta do que a outra quando terminar."

O excesso de confiança em suas próprias capacidades é uma característica comum do ser humano. Os psicólogos Howard Raiffa e Marc Alpert chamam isso de efeito do excesso de autoconfiança, e os resultados podem ser chocantes. Em um artigo publicado em 2015 na *Psychological Science*, três acadêmicos de Cornell e Tulane concluíram que ter uma crença muito forte em seu próprio conhecimento faz com que pessoas aleguem saber coisas que são totalmente impossíveis ou fictícias. No estudo, os participantes disseram, com bastante convicção, que conheciam e compreendiam certos termos financeiros que, na verdade, os pesquisadores haviam inventado.

É assustador pensar que acreditamos em pessoas autoconfiantes em excesso. Pesquisas feitas por Brad Barber e Terrance Odean mostraram que advogados, médicos e outros profissionais são propensos a apresentar esse excesso de autoconfiança. Além disso, homens sentem mais autoconfiança do que as mulheres. Em um estudo americano desenvolvido por Daniel Kahneman, ⅘ dos empreendedores pesquisados disseram que suas empresas tinham uma probabilidade maior ou igual a 70% de terem sucesso — muito mais do que a realidade, na qual somente 35% das startups pequenas nos Estados Unidos sobrevivem mais de cinco anos.

A mensagem é clara. Tenha noção dos seus níveis de autoconfiança e esteja aberto à possibilidade de que você possa estar sofrendo do efeito de seu excesso. Lembre-se que é a Tartaruga, e não a Lebre, que acaba vencendo a corrida. A Lebre é excessivamente autoconfiante; ela tira os olhos da meta e, por isso, é ultrapassada pela Tartaruga, que avança devagar.

> O que é preciso para que você diminua seu nível de excesso de autoconfiança e seja mais humilde?

ENTRE EM AÇÃO

Evite excessos com o *trading*

Pesquisadores descobriram que investidores excessivamente autoconfiantes fazem mais transações em *trading* do que os outros. Em "O *trading* é perigoso para a sua saúde", Barber e Odean demonstraram que transações excessivas resultam em altas tarifas e custos que podem facilmente acabar com todos os ganhos auferidos. Eles também descobriram que *traders* com excesso de autoconfiança calculavam mal o momento de fazer suas transações quando comparados com seus colegas mais cautelosos.

Faça planos melhores para a sua aposentadoria

Evite ser autoconfiante demais em quanto dinheiro você vai precisar quando se aposentar. É melhor apostar na segurança e presumir que você vai precisar de mais do que imagina. Na pesquisa sobre confiança na aposentadoria do Employee Benefit Research Institute, de 2017, 60% dos entrevistados confiavam, ou confiavam excessivamente, que seriam capazes de poupar o bastante para bancar uma aposentadoria confortável, mas, na mesma pesquisa, apenas 41% admitiram ter calculado o quanto precisaria para ter uma vida confortável. Muitos desses não estavam nos 60%. Mais da metade disse que seus custos com o plano de saúde eram maiores do que esperavam, respaldando outras evidências de que aposentados têm excesso de autoconfiança sobre terem dinheiro suficiente para viver.

Não acredite cegamente em Lebres

Em um estudo de 2006, o pesquisador James Montier entrevistou trezentos gerentes financeiros profissionais sobre seu desempenho no trabalho. Quase 100% tinha a sensação de que seu comportamento estava na média ou acima da média quando, na realidade, seus fundos apresentavam resultados ao longo de um amplo espectro. Todos nós somos falíveis; esteja ciente de que até mesmo os profissionais às vezes erram.

86

EXPLORE PORTOS SEGUROS
COM CUIDADO

"Não existem portos de águas calmas no oceano encrespado dos dias de hoje."

Ao pensar na proteção do seu dinheiro durante tempos difíceis, o que você imagina como um porto seguro? Ouro, dinheiro vivo, francos suíços, ienes japoneses, títulos da dívida pública do Reino Unido, títulos do Tesouro dos Estados Unidos, prata, yuans chineses, imóveis? Todas essas opções foram consideradas como bens patrimoniais seguros em uma época ou outra. Durante algum tempo, até mesmo o Bitcoin foi visto como um investimento superseguro — bem, pelo menos até seu preço desabar.

Portos seguros são importantes porque, enquanto outros bens se desvalorizam, os produtos do tipo porto seguro mantêm seu valor, ou ganham valor conforme a demanda aumenta. Parece algo muito simples e, durante anos, a tendência para que esses bens mantivessem seu valor foi algo considerado como verdadeiro. Recentemente, os resultados não são tão claros.

O ouro é o maior dos portos seguros. Sempre foi visto como o lugar mais seguro para investir sua riqueza. Seu valor não pode ser manipulado por taxas de juros. É um bem patrimonial físico que não pode ser impresso à vontade, como o dinheiro. Mas seu preço, normalmente calculado por onça, esteve muito volátil recentemente. Durante o ano de 2018, o preço de mercado do ouro por onça chegou a um pico de 1.356 dólares antes de despencar para 1.175 dólares, um declínio de 13%. Acrescente a isso o fato de que você não pode receber retornos se tiver ouro armazenado; você só pode esperar que seu valor aumente.

Outros bens considerados portos seguros também mostraram um desempenho inconstante. Inclusive, vem-se notando que, desde a crise de 2008, nem o ouro, nem o dólar americano nem o iene japonês estão particularmente estáveis. Assim, o que um investidor pode fazer?

> Investir em um mundo onde não há portos seguros óbvios não é fácil.

ENTRE EM AÇÃO

Tenha o mesmo cuidado que teria com qualquer outro bem

Se bens tradicionalmente considerados portos seguros não mantêm mais seu valor da forma que você espera, será que sobrou algum lugar para investir sua riqueza com segurança?

A resposta é simplesmente tratar portos seguros como qualquer outro bem patrimonial em que você potencialmente queira investir. Em outras palavras, não os trate de maneira especial. Não é mais possível investir seu dinheiro cegamente em portos seguros quando uma recessão ou uma crise global se avoluma. Em vez disso, pense em investimentos como ouro, títulos da dívida pública de determinado país ou francos suíços como alguns dos investimentos mais estáveis, mas reconheça que nenhum deles está livre de riscos e que podem se desvalorizar.

Assim como acontece com o ouro, portos seguros físicos tais como metais preciosos não oferecem retornos, enquanto os juros para depósitos em dinheiro são baixos. Os retornos (ou rendimentos) em títulos do governo, como as notas do Tesouro americano com prazo de trinta anos, os *bunds* alemães de dez anos ou os títulos da dívida pública do Reino Unido de dez anos também são baixos, e você não pode ficar com eles na expectativa de que seus preços de mercado subam para ter lucros com o capital.

Nenhum desses investimentos é uma aposta garantida, mas você deve tê-los consigo como parte de uma carteira diversificada de investimentos — uma estratégia conhecida como "proteger suas apostas" ou equilibrar diferentes riscos e recompensas. Uma alternativa mais fácil é investir em fundos que tenham um portfólio misto adequado às suas necessidades.

87

REACENDA A SUA CURIOSIDADE INFANTIL

"Eu costumava zombar de adultos que agiam como se fossem crianças. Hoje em dia, eu tento contratá-los!"

O colunista Adam Bryant, do *The New York Times*, certa vez fez uma pergunta a setenta CEOs e a outros líderes empresariais: "Que qualidades você vê com mais frequência nas pessoas bem-sucedidas?". A resposta mais citada pode surpreender você: era a curiosidade apaixonada.

Uma pesquisa com três mil profissionais publicada na *Harvard Business Review*, em 2018, revelou que 92% dos entrevistados disseram que são os curiosos que trazem novas ideias para as equipes — que a curiosidade em uma equipe melhora a motivação e o desempenho das pessoas.

Quando a paixão e a curiosidade são combinadas, você tem pessoas com uma fascinação intensa por tudo o que acontece em suas vidas. Muitas inovações e sucessos nos negócios surgiram por conta de pessoas apaixonadamente curiosas. As gigantes da tecnologia de hoje — Facebook, Alibaba, Google etc. — são o resultado de fundadores que tinham essas qualidades, impelidos a inovar e criar soluções, frequentemente para problemas que ainda nem existiam.

A maioria não tem tempo de ser curiosa. Elas ignoram coisas que pessoas bem-sucedidas acham intrigantes. O escritor Paul C. Brunson descreveu uma conversa que teve com o bilionário turco Enver Yücel e ficou maravilhado com a curiosidade de Yücel sobre coisas que outras pessoas podem achar irrelevantes, como a altura relativa dos meios-fios das ruas em Washington DC e Istambul. Mas a questão é que a maioria das ideias inusitadas emerge por meio dessa curiosidade apaixonada. Ideias que podem até mesmo ser lucrativas. Você conhece alguém como Yücel ou acha que poderia agir de modo mais parecido com ele?

> A curiosidade é algo que pode ser aprendido e dominado com a prática.

ENTRE EM AÇÃO

Construa a sua riqueza baseando-se em perguntas, não em respostas
Eric Schmidt, ex-CEO do Google, disse em determinada ocasião que o Google é administrado com o princípio de fazer perguntas, não de encontrar respostas. Quando se deparar com desafios e oportunidades, expresse a sua curiosidade por meio de perguntas. Estimule as pessoas ao redor a também fazerem perguntas e não aceitarem o óbvio. Concentre-se em coisas como "Por que não?", "E se...?" e "O que pode ser possível?".

A riqueza se origina em criar valor pelo qual outras pessoas estão dispostas a pagar, e o valor frequentemente é o resultado de alguém ter sido curioso, de ter feito e explorado perguntas, encontrando assim um valor que ainda não tinha sido descoberto. Os acionistas da Polaroid ficaram muito ricos graças a um inventor, Edwin Land, que escutou o que sua filha lhe disse. Os dois estavam tirando fotografias e ela perguntou ao seu pai: "Por que temos que esperar para ver a foto"?

Seja sempre curioso, mesmo quando envelhecer
De maneira geral, 41% dos *millenials* compreende as criptomoedas quando comparados com apenas 18% dos *baby boomers*, de acordo com um estudo feito em 2018 pela Legg Mason. Em outra pesquisa de 2018, desta vez feita pelo YouGov, 44% dos *millenials* disse que esperam que as criptomoedas venham a ser amplamente usadas nos próximos dez anos, comparando-se com apenas 24% dos membros da geração X e 29% dos *baby boomers*.

Pessoas mais jovens têm a mente naturalmente mais aberta. Assim, mantenha-se jovem e não permita que seus anos de experiência fechem seus olhos para o que está acontecendo à sua volta. Você não sabe de tudo e deveria estar sempre disposto a sair da sua zona de conforto, abrir sua cabeça e explorar.

88

CULTIVE A SUA RIQUEZA EM UM MUNDO VICA

"O mundo de hoje, que vive em constante mudança e em alta velocidade, parece estar acelerando."

Se você estiver investindo hoje, está fazendo isso em um mundo muito instável e acelerado. Nós vivemos em um mundo VICA, e isso significa que você deve esperar:

- Volatilidade;
- Incerteza;
- Complexidade;
- Ambiguidade.

A volatilidade nos dias atuais pode mesmo ser extraordinária, com mercados que sobem e descem rapidamente, às vezes em questão de segundos.

- Em outubro de 2016, o valor da libra inglesa caiu mais de 6% em dois minutos em relação ao dólar dos Estados Unidos;
- Em junho de 2017, o preço da maior criptomoeda depois do Bitcoin, o Ethereum, caiu de 300 dólares para 10 centavos de dólar em alguns minutos;
- O franco suíço se valorizou 40% em relação ao euro em uma questão de segundos, em janeiro de 2015;
- Em 2013, os preços da bolsa de valores de Singapura desabaram em até 87% em poucos minutos.

Crises instantâneas como essas são cada vez mais comuns devido à complexidade do *trading* atual em mercados financeiros causados pela alta frequência de transações, o *trading* complicado de futuros, transações do tipo *black box trading*, dependência exagerada de algoritmos computacionais e, é claro, até mesmo aquela pitada ocasional de manipulação de mercados.

Há não muito tempo, antes da disseminação da internet, dos e-mails e do sistemas on-line em tempo real para operações de *trading*, nada acontecia em segundos. Hoje em dia, milhares de transações podem ocorrer simultaneamente em milissegundos.

Além disso, você precisa lidar com um dilúvio de informações e dados ao ponto que uma pesquisa no Google por conselhos e informações sobre um mercado, ação ou empresa provavelmente não vai lhe dar exatamente o que precisa. Algumas fontes vão dizer que a resposta é preto, outras vão dizer que é branco. Infelizmente, você vai ter de se acostumar ao cinza.

> Invista somente no que você entende e contrate uma assessoria, se precisar.

ENTRE EM AÇÃO

Não confie tanto nas suas próprias habilidades de *trading*
Considerando a incerteza das informações e a extrema volatilidade dos mercados, está ficando mais difícil confiar em suas próprias habilidades para ser um investidor individual de sucesso. Um argumento que recebe cada vez mais apoio diz que o melhor a fazer é manter a maior parte dos seus investimentos em mercado financeiro em fundos administrados por profissionais com melhores sistemas, capacidade de pesquisa e *timing*.

Há também uma tendência maior a incluir bens físicos entre os investimentos, como imóveis, ouro e antiguidades — algo que alguns analistas financeiros definem como uma volta aos fundamentos. A beleza de bens como esses é que eles não perdem 80% do seu valor em cinco segundos. Essa é uma boa estratégia para contrabalançar as operações de *trading* de alta velocidade e fundamentadas em algoritmos na City londrina e em Wall Street.

Mantenha o impulso
Um dos efeitos do nosso mundo financeiro cada vez mais complexo é que é fácil ficar confuso, dividido ou perder o foco. Você espera que seus

investimentos rendam adequadamente e fica paralisado quando isso não acontece. Lembre-se dos conselhos que já apareceram antes neste livro: invista apenas naquilo que você entende e pague por uma consultoria profissional se precisar.

Quero também aproveitar para mostrar uma equação muito simples, criada pelo pesquisador social e escritor Michael McQueen. Ela diz que:

- Impulso (o processo de ir em frente e crescer) = (Atividade + Foco) × Consistência

Conseguir impulso com a sua riqueza, apesar de volatilidade, incerteza, complexidade e ambiguidade à sua volta não é fácil. Você precisa:

- Ter clareza sobre as atividades financeiras, produtos, bens patrimoniais e mercados nos quais quer investir;
- Dedicar atenção e tempo concentrados à sua riqueza;
- Ser consistente em suas escolhas e ações e não permitir que o ruído e a confusão à sua volta o tirem do rumo.

89

SEJA EXPERT EM NEGOCIAÇÃO

| *"Tudo está aberto a negociação."*

Você nunca vai ficar rico a menos que aprenda a negociar. Às vezes a negociação pede que você pressione seu interlocutor para conseguir o que precisa; às vezes, significa alcançar um meio-termo; e outras vezes significa simplesmente virar as costas e ir embora. Você provavelmente já negociou mais do que imagina quando comprou ou vendeu um imóvel, concordou com termos e tarifas do seu banco ou corretor de ações, assinou um contrato de serviço, acertou os detalhes de um aumento de salário ou de uma promoção no trabalho.

Um dos maiores negociadores do mundo é Stephen Schwarzman. Ele é cofundador e CEO do Blackstone Group, que conduziu e transformou em uma das maiores firmas de investimentos do mundo, administrando mais de R$450 bilhões em ativos. Ele aconselha qualquer pessoa que esteja em negociações para que encontre sua zona de convergência. Em outras palavras, a convergência daquilo que você precisa e quer com aquilo que a outra parte espera. A habilidade é reconhecer essa convergência e concordar em como vão chegar lá. E uma das melhores maneiras de conseguir isso é deixar suas necessidades claras e, ao mesmo tempo, colocar-se no lugar da outra parte para entender as pressões que ela sofre. Assim, acostume-se a declarar sua posição de maneira precisa, dizendo, por exemplo: "Preciso de uma redução de 20% nas minhas tarifas para poder continuar a usar os seus serviços" ou "Estou procurando por um prazo inferior a três meses para concluir este negócio. Caso contrário, vou procurar outra opção". Ao mesmo tempo, coloque-se no lugar da outra parte para compreender a pressão que ela sofre.

A parte mais difícil de uma negociação é saber quando abandoná-la.

ENTRE EM AÇÃO

A prática leva à perfeição
Schwarzman passou quarenta anos aperfeiçoando suas habilidades. Você pode não estar nem perto disso. Talvez, a princípio você se sinta como um novato, lutando para declarar suas necessidades e preocupado se vai irritar a outra parte. Conforme ganhar experiência, vai se sentir mais confortável encontrando pontos de acordo na "zona de convergência".

Esteja preparado para abandonar as negociações
Quando você está envolvido em uma negociação, pode ser difícil ter noção do ponto no qual um acordo se torna inaceitável, quando uma oferta é baixa demais ou quando a porcentagem de ações exigida em troca de fundos para investimento é alta demais. É muito difícil chegar a esses pontos e dizer "não", simplesmente porque você provavelmente investiu tempo demais para chegar até aí. Pode ser impossível imaginar a discordância com as condições. Em momentos como esse, dê um passo para trás e faça uma pausa. Peça conselhos. Encontre um mentor com quem possa conversar.

Tenha um plano B
O que você faz se não consegue chegar a um acordo? Você precisa de um plano B. Roger Fisher e William Ury, membros do Harvard Negotiation Project, chamam isso de BATNA, a sigla em inglês para a "melhor alternativa a um acordo negociado". Essa é a segunda melhor opção para quando você não consegue concordar com os termos preferidos.

Coloque no papel
Quando chegar a um acordo, lembre-se de documentá-lo. Um e-mail curto às vezes é suficiente, mas o melhor é ter algo por escrito e compartilhar esse documento com as outras partes interessadas.

90

CONCENTRE-SE NO SEU QE, NÃO NO QI

> *"Se eu puder escolher, sempre opto por trabalhar com alguém com altos níveis de inteligência emocional."*

As pesquisas mostram consistentemente que, quanto maior for o seu QE (o quociente ou inteligência emocional), mais bem-sucedido você vai ser.

• A TalentSmart, uma consultoria com sede em San Diego e que atua na área de QE, avaliou um grupo de indivíduos em relação a 34 habilidades importantes no ambiente de trabalho. O estudo concluiu que a inteligência emocional é o preditor mais importante de desempenho, explicando 58% do sucesso de uma pessoa em seu trabalho;

• Em outro estudo que se estendeu por 45 anos e publicado no *Journal of Research in Personality*, oitenta cientistas foram avaliados aos 27 e 72 anos. A pesquisa revelou que as habilidades sociais e emocionais eram mais importantes do que o QI ao explicar a criatividade do indivíduo no decorrer da vida;

• Um estudo americano publicado no *Journal of Vocational Behavior* em 2017 concluiu que, quanto maior a inteligência emocional de uma pessoa, maior é o seu o salário e o grau de satisfação com o emprego.

O QE abrange:

• Sua compreensão ou autoconsciência das próprias emoções, ações e sentimentos;

• Sua capacidade de controlar ou autoadministrar essas emoções e ações;

• Sua habilidade de empatia, colocando-se no lugar de outras pessoas — o que também é chamado de ser socialmente consciente;

- Sua capacidade de administrar como você interage e se comunica com outras pessoas.

Em anos recentes, uma boa quantidade de pessoas super-ricas ao redor do mundo falou sobre a importância do tema em sua jornada para o sucesso, incluindo Jack Ma, que declarou, em 2017, que você precisa de um grande QE para trabalhar com pessoas. A lição é que, embora pareça algo pouco sério, você jamais deve subestimar sua capacidade de administrar suas emoções como um fator-chave do seu sucesso financeiro.

> O QE é um alicerce essencial para poder criar uma vida de sucesso financeiro.

ENTRE EM AÇÃO

Entenda como o seu QE o impactou

Reflita sobre os momentos da sua vida em que o QE ajudou ou atrapalhou. Fazendo isso, você vai conseguir entender quais aspectos da sua inteligência emocional precisam ser mais bem administrados e desenvolvidos. Reserve um momento para colocar no papel os seus "melhores momentos do QE". Por exemplo: você ficou irritado com um colega de trabalho ou sócio, fazendo com que o relacionamento azedasse? Você se frustrou por receber um abono menor do que o esperado e decidiu pedir demissão do emprego?

Aprenda com o seu passado

Você provavelmente vai encontrar muitos exemplos em que suas emoções estavam no comando, em vez de ser você quem controlava o seu QE, e pode usar essas ocasiões como lições. É importante que você domine suas emoções, não deixando que elas o dominem. Dessa maneira você pode tomar decisões mais racionais e reagir a situações com mais calma. É aqui que você começa a ser um expert em QE.

Estimule outras pessoas a dominarem suas emoções

Não faz muito sentido ser emocionalmente inteligente se as pessoas à sua volta estão fazendo o oposto. Ajude as pessoas ao seu redor a melhorarem seu QE também. A última coisa que você quer são explosões, palavras indesejadas e ações que impactem negativamente as suas finanças e planos financeiros.

91

MANTENHA SUA DOCUMENTAÇÃO EM ORDEM

"Quando fazemos alguma besteira, perdemos ou nos esquecemos de alguma coisa, só temos nossos 'eus' do passado para culpar."

Se você quiser ser muito bem-sucedido, vai precisar ser organizado. Certa vez, conversei com uma mulher que havia perdido seu bilhete de loteria premiado. Ela passou dias procurando por ele, até finalmente decidir que havia sido jogado fora por engano. Da última vez que tive notícias, ela estava planejando entrar em contato com o conselho de urbanização da sua cidade para tentar convencê-los a fazer uma busca no depósito de lixo local.

Mesmo que você não tenha ganhado na loteria, esquecer-se ou perder documentos pode ser dispendioso. Se você já extraviou um contrato importante ou um acordo de participação acionária, ou se esqueceu de enviar a declaração do imposto de renda no prazo correto e foi multado por isso, entende a questão.

Conforme você expande o seu patrimônio, vai ter mais documentos e papelada para cuidar, o que aumenta a possibilidade de deixar passar alguma fatura sem pagá-la, um contrato sem assinar ou deixar de enviar um acordo no prazo correto.

Se você for muito rico, pode deixar toda a organização, a documentação e o arquivamento a cargo de outras pessoas. Se não pode se dar ao luxo de contratar assistentes para administrar tudo ou ter profissionais cuidando de um escritório de família, então é você que vai ter de cuidar de tudo isso.

> Este é o seu mantra: organizar, arquivar, agir.

ENTRE EM AÇÃO

Tenha um espaço de trabalho organizado

Mantenha o seu local de trabalho limpo e organizado. Quando o seu escritório ou estação de trabalho está desorganizado, é mais difícil se concentrar em uma tarefa específica de cada vez. Um estudo publicado em 2011 no *Journal of Neuroscience*, por pesquisadores da Universidade de Princeton, revelou que o córtex visual do nosso cérebro fica sobrecarregado por papelada e objetos irrelevantes, tornando mais difícil completar tarefas de maneira eficiente.

Tenha à mão uma lista de todas as faturas que você espera receber e certifique-se de que as recebeu e pagou. Para cada um dos seus investimentos, mantenha uma lista de tarefas a completar e arquive toda a documentação necessária. Saiba as coisas que precisa enviar, atualizar ou arquivar e preste bastante atenção aos prazos, tais como os dias em que você deve pagar por coisas como taxas empresariais ou enviar a sua declaração de imposto de renda. Não se esqueça dos pagamentos em débito automático: se não fizer nada em relação a eles, as instruções sobre esses pagamentos serão renovadas automaticamente por mais doze meses.

Use serviços de secretariado

Dependendo da sua verba, você pode considerar a possibilidade de pagar alguém para ajudá-lo. É fácil contratar serviços de secretariado por hora, conseguindo exatamente o apoio administrativo de que precisa.

Use a internet

Existem algumas ferramentas on-line que são excelentes para manter tudo organizado. Dê uma olhada em sites e aplicativos como:

- Expensify, Zoho Expense e Evernote, que o ajudam a escanear e administrar recibos de despesas;
- GnuCash, Buddi e AceMoney, que são sistemas simples de contabilidade e registro de livro-caixa.

Não ignore os e-mails, especialmente se eles são o único meio de comunicação que você recebe de empresas prestadoras de serviços como fornecimento de energia, água, gás, ou da empresa que administra seus imóveis. Registre o seu conteúdo, imprima e arquive-os se precisar.

92

SEJA DISCRETO COM SUA RIQUEZA

"Ostentar sua riqueza é como tirar as roupas, mostrar sua barriga gorda para as pessoas e dizer: 'Olhem só para isso, ela está cheia de comida maravilhosa!'"

Muitos dos bilionários existentes atualmente exibem um comportamento conhecido como riqueza discreta. Eles costumam voar abaixo do radar em seu dia a dia, não sentem a necessidade de ir de um lugar para outro nos carros mais caros ou de ser os donos da maior casa do bairro. Em outras palavras, eles não deixam que sua enorme riqueza lhes suba à cabeça.

- O fundador da Ikea, Ingvar Kamprad, por exemplo, dirige um Volvo que já roda há quinze anos e usa a classe econômica quando viaja de avião;
- Tim Cook, o CEO da Apple, mora em uma casa relativamente modesta em seu bairro em Palo Alto, que é repleto de imóveis que valem vários milhões de dólares;
- Uma das pessoas mais ricas do mundo, Carlos Slim, ainda mora no mesmo imóvel modesto que comprou há cerca de trinta anos e ainda vai para o trabalho todos os dias dirigindo seu próprio automóvel.

Nunca ostente sua riqueza. Arrogância não é algo que fica bem em ninguém. Seja gentil quando estiver falando da sua riqueza e evite fazer com que outras pessoas se sintam diminuídas e inadequadas, mas, da mesma forma, não negue o que você conquistou. Você trabalhou duro e merece o que tem.

> De que maneiras você vem ostentando sua riqueza e finanças?

ENTRE EM AÇÃO

Seja humilde e tenha os pés no chão

Não existe razão para ficar constrangido por ter enriquecido ou por querer desfrutar da sua riqueza por meio do seu estilo de vida. É normal sentir orgulho por ser financeiramente bem-sucedido, mas aja com moderação. Seja discreto e humilde ou corra o risco de ser usado como um caixa eletrônico por pessoas próximas. Compartilhar é ótimo, mas se você dá constantemente aquilo que tem, seus relacionamentos vão mudar e o dinheiro vai se tornar o principal laço de amizade, com a inveja borbulhando logo abaixo da superfície. Ninguém quer isso.

Se começar a ostentar demais, você pode acabar se tornando um alvo para pessoas de fora do seu círculo mais próximo de amizades. Não vai demorar muito tempo até encontrar conhecidos, vizinhos e até mesmo estranhos querendo o seu dinheiro, sendo amigáveis em excesso ou fazendo pedidos financeiros — tanto de maneira direta quanto por meio de pessoas próximas a você. Provavelmente o que você vai ouvir com mais frequência são pedidos de empréstimo para ideias de negócios. Falar sobre startups pode ser divertido, mas não se você for constantemente o alvo de pedidos de financiamento.

Tenha a coragem de dizer não

Você nunca vai conseguir agradar todo mundo que quiser uma parte da sua riqueza. De maneira regular, pense em quem, na sua vida, você gostaria de ajudar. Seja cortês, mas firme, ao dizer não a pedidos feitos por outras pessoas. Desenvolva uma tolerância maior a frustrações, se necessário, para facilitar esse processo.

Diga "sim" às pessoas com clareza e franqueza

Com aquelas pessoas que você está disposto a ajudar, demonstre isso sem fazer com que o outro lado implore, sinta-se culpado ou constrangido. Seja muito franco com elas e sobre o quanto você pode dar. Explique claramente suas expectativas e se o dinheiro está sendo dado ou emprestado. E lembre-se: nada de ostentação; dê seu dinheiro às pessoas que escolher discretamente, sem alarde.

93

NÃO CULPE OS OUTROS PELAS SUAS PERDAS

> *"Assuma 100% da responsabilidade pela sua vida financeira. Não fazer isso vai lhe trazer ansiedade constante e amargura."*

Nunca coloque a culpa pelos seus problemas financeiros em outras pessoas.

- O corretor de imóveis não tem culpa por você não ter perguntado sobre a faixa de impostos ou a taxa de condomínio quando comprou o apartamento;
- O corretor de ações não tem culpa pelo retorno do fundo no qual você investiu não ter crescido na casa dos dois dígitos;
- A imobiliária não tem culpa por não ter conseguido encontrar inquilinos dispostos a pagar um aluguel acima do valor de mercado para morar no seu imóvel recém-reformado;
- Seu chefe não tem culpa por você não ter sido promovido ou recebido um aumento;
- O novo investidor não tem culpa por você não ter estabelecido mais cláusulas de proteção no seu contrato acionário, mesmo que você achasse que precisava fazer isso.

Certa vez comprei uma casa na Malásia sem perceber que um condomínio de apartamentos estava prestes a ser construído bem nos fundos do meu imóvel. Eu não consegui acreditar que o corretor de imóveis e o advogado nunca tocaram no assunto, mas, na realidade, não perguntei a respeito, e o alvará de construção foi enviado somente durante a compra. Ninguém teve culpa pelo que aconteceu além de mim mesmo. Nunca cheguei nem a olhar os fundos do imóvel e pensar "Por que estão terraplenando essa área?".

> Quando o assunto é o seu próprio dinheiro, você é a única pessoa que pode receber os créditos — e a culpa.

ENTRE EM AÇÃO

Não procure bodes expiatórios

A menos que esteja com uma arma apontada para a cabeça, você é o único responsável quando assina e concorda com alguma coisa. Transferir a culpa para os outros é uma estratégia ruim e estressante. Serve apenas para alienar outras pessoas e impede que aprenda com seus erros. E você vai cometer erros. Você não sabe de tudo. Mas, da próxima vez, terá mais sabedoria e, se as coisas correrem bem, espera-se que nada dê errado.

Você não pode mudar para melhor se nunca admitir seus erros. Ao tomar responsabilidade e assumir seus erros, coisas incríveis acontecem. Você fica mais resiliente e autoconfiante, mais cuidadoso ao fazer escolhas financeiras. Pronto para fazer e refazer checagens quando necessário e sempre preparado para ajustar ou alterar uma decisão anterior.

Cuidado para não ser extorquido

Da mesma maneira, se foi vítima de um golpe ou se foi enganado, você pode legitimamente culpar outras pessoas. Houve muitos exemplos de profissionais que deram conselhos desonestos ou que empurraram produtos que seus clientes não precisariam comprar. Pratique a sensatez e a desconfiança. Verifique os conselhos que receber e peça opiniões a outras pessoas, se precisar.

94

FAÇA UMA VERIFICAÇÃO ANUAL DA SUA RIQUEZA

"Quando você não cuida devidamente da sua riqueza, pode ficar com um arrombo financeiro."

A maioria de nós vai ao médico de tempos em tempos para fazer um check-up. Com suas finanças, a situação não é diferente. Você precisa verificar a saúde dos seus investimentos, eliminando os problemas. Se não repassar suas decisões, não há como saber se elas continuam sendo eficazes. É incrível como tomamos decisões e fazemos escolhas importantes e, posteriormente, nos esquecemos completamente delas. O mais bizarro é o número de pessoas que deixa seu dinheiro em contas e planos de poupança e se esquecem de que elas existem.

Se fizer uma verificação regular sobre a sua saúde financeira, pode avaliar o desempenho daqueles que o administram. Na próxima página você vai encontrar um guia passo a passo sobre como fazer uma verificação de saúde financeira e com o que precisa tomar cuidado.

> Não é um bom sinal se a sua primeira verificação de riqueza só acontecer depois que você se vê em meio a um arrombo financeiro.

ENTRE EM AÇÃO

Faça uma verificação anual de saúde financeira

Como foi o desempenho do seu dinheiro investido em fundos? Os retornos dos fundos estão melhores do que índices comparáveis? No Reino Unido, a maioria dos fundos costumam ser comparados ao índice FTSE

100. Poucos fundos conseguem superar esse índice todos os anos, mas você não deve continuar investindo em um fundo que nunca excede seu índice comparativo.

Qual é o tamanho da renda proveniente de dividendos que você recebe?

Isso é fundamental se você depende de uma renda regular advinda de investimentos em ações. Está em boa situação se recebeu pelo menos cinco ou seis centavos para cada libra investida em ações. Mas você pode conseguir algo melhor? Para o próximo ano, pode trocar seu dinheiro de ações que pagam menores dividendos para outras que paguem dividendos maiores?

Como a sua carteira de investimentos mudou?

Se as ações tiveram um bom resultado este ano, você pode ter passado de uma carteira dividida em 50:50 entre títulos e ações para uma divisão de 70:30 em favor das ações. Pretende reequilibrar essa equação? Pensando pela perspectiva do risco, o seu portfólio atual se adequa às suas necessidades?

Há taxas melhores para os seus investimentos com prazo fixo?

Mantenha um registro para saber quando qualquer período de depósito com prazo fixo expira antes de ser automaticamente renovado, deixando o seu dinheiro preso por mais um ano. Explore o mercado para saber se há opções melhores.

Seus investimentos em imóveis estão otimizados?

Os seus retornos sobre os aluguéis (antes ou depois da incidência dos impostos) estão de acordo com suas expectativas? São comparáveis com a média do mercado? Os imóveis estão mantendo ou ganhando valor de mercado? As taxas cobradas pelas empresas que administram os imóveis são competitivas?

95

PASSE ADIANTE SUAS DICAS SOBRE FINANÇAS

"Aprendi muito quando passei a ensinar outras pesoas. Conforme compartilho o que aprendi, fico espantado com o número de insights que consigo ter."

Ensinar é uma das melhores maneiras de aprender. Você consegue orientar outras pessoas para que conquistem sua própria independência financeira? Você pode achar que não tem experiência suficiente, mas ninguém nunca sabe realmente o bastante. Os experts aprendem e ganham novos conhecimentos constantemente e ensinam e praticam a mentoria com outras pessoas ao fazerem isso.

Não importa o nome que você dá ao processo: coaching, ensino, mentoria, compartilhamento ou apoio. Compartilhar o que aprendeu é uma combinação de ouvir, questionar e aconselhar. É o ato de ajudar alguém a:

- Evitar os erros que você cometeu com o seu dinheiro;
- Aprender os atalhos que descobriu durante sua trajetória;
- Adotar a mentalidade e a postura necessárias;
- Compartilhar suas próprias necessidades, expectativas e desafios em relação às finanças;
- Recuperar a autoconfiança quando sofreram perdas financeiras.

Passar isso para outros é um processo em que todos saem ganhando. Aqueles que você ajuda estarão mais bem equipados para expandir e lidar com suas finanças, e você ganha de três maneiras, pelo menos:

- Você se sente bem em poder contribuir;
- Você cresce conforme reflete sobre sua própria jornada financeira;
- Novos insights e inspirações podem lhe surgir conforme você compartilha suas experiências.

> Você está pronto para começar a retribuir por meio de
> ensinamentos e mentoria?

ENTRE EM AÇÃO

Ajude seus "parceiros financeiros"

Você pode estar expandindo sua fortuna em conjunto com um companheiro ou cônjuge, tocando uma empresa com um ex-colega de trabalho, investindo conjuntamente com amigos em imóveis ou em algo não tão convencional, como um clube de vinhos. Todas essas pessoas são seus parceiros financeiros, e é importante que tenham o mesmo conhecimento e noção sobre finanças que você. Ensine o que sabe e esteja aberto a aprender com eles, em um processo de mentoria e apoio mútuos.

Ensine os jovens

A maioria dos pais nunca ensina aos seus filhos sobre dinheiro e finanças. É uma oportunidade perdida. Comece hoje e ajude-os a perder sua ingenuidade em relação a finanças de modo que possam evitar alguns dos erros que outras pessoas cometem na adolescência e no início da idade adulta.

Ensine a comunidade

Eu tenho uma amiga que oferece seu tempo voluntariamente em uma prisão feminina local, ensinando as detentas sobre como ganhar dinheiro. Suas oficinas mais recentes se concentraram em como abrir uma empresa e reduzir dívidas. Como você pode ajudar pessoas em sua comunidade?

96

NÃO É PRECISO SE AFOBAR; ESTAMOS EM UMA MARATONA

> *"Investir se compara a observar as árvores crescerem, um arranha-céu alto ser construído e a passagem das estações."*

Em um megaestudo de 2017 intitulado *A taxa de retorno sobre tudo, 1870-2015*, um grupo de economistas da Alemanha e dos Estados Unidos analisaram os índices anuais de retornos de títulos do governo, investimentos em *equities* e em imóveis residenciais. Eles analisaram dados de dezesseis países, incluindo Estados Unidos, Alemanha, Japão e Reino Unido, e calcularam que os índices médios de retorno (ajustados pela inflação) no decorrer de 145 anos foram:

Imóveis residenciais	7,05%
Equities	6,89%
Títulos do governo	2,5%
Títulos do Tesouro	0,98%

Isso é um exemplo extremo sobre como investir no longo prazo, uma estratégia conhecida como "comprar e segurar".

Todas as evidências sugerem que, quanto mais tempo você segurar um investimento, maior é a garantia de que haverá um retorno anual positivo.

O Schwab Center for Financial Research analisou os retornos do índice S&P 500 durante 85 anos, de 1926 a 2011. Eles descobriram que, para ter 100% de garantia de retornos anuais positivos, você precisaria segurar um investimento no índice por vinte anos (em qualquer ponto desse intervalo de 85 anos). Eles calcularam que isso daria um retorno entre 3 e 17%. Segurar o investimento por períodos mais curtos traria consigo o risco de sofrer perdas consideráveis; por exemplo, segurar por qualquer período de três anos lhe daria um retorno anual entre -27% e -31%. Em outras palavras, você poderia ter perdido um terço do seu investimento, ou poderia ter ganhado a mesma porcentagem. Parece até uma visita ao cassino.

Essas análises históricas apontam para uma conclusão: investimentos não são uma atividade de curto prazo. Se estiver procurando por vitórias rápidas, prepare-se também para derrotas rápidas. Ter uma orientação focada no longo prazo pode garantir o seu sucesso financeiro.

> Leva tempo para construir riqueza.

ENTRE EM AÇÃO

Desapegue-se e seja paciente

Tente dividir os seus bens patrimoniais e fundos em dois grupos:

- Gerenciados ativamente: essa é a porção com a qual você quer trabalhar ativamente, ajustando por meio de compras e vendas de acordo com a movimentação dos mercados;
- Comprar e segurar: essa é a porção que você quer simplesmente deixar crescer. Essa parte do seu portfólio deve aumentar como uma porcentagem de toda a sua riqueza conforme vai envelhecendo.

Uma estratégia de "comprar e segurar"

Esses estudos históricos respaldam a estratégia de custo médio em dólar: a ideia de investir a mesma quantia a cada mês ou ano nos mesmos fundos e jamais cortar suas perdas quando o mercado se desvaloriza.

Fique de olhos abertos

Há sugestões de que comprar e segurar empresas de qualidade em índices como o S&P não é mais uma aposta garantida. Em parte, isso reflete a instabilidade extrema que impacta muitas empresas estabelecidas que estão na *Fortune 500*.

Pode ser que comprar e segurar *equities* pensando no longo prazo possa não mais ser algo tão garantido quanto costumava ser. É bom você manter isso em mente e considerar conforme planeja seus investimentos.

97

DURMA TRANQUILAMENTE
À NOITE

*"Se você deixar a porta da sua casa aberta, não fique
surpreso se alguém entrar e roubar suas coisas."*

Não há nada pior do que perder dinheiro simplesmente porque não protegeu o que tinha. Imagine comprar a casa dos seus sonhos e ser vítima de uma enchente ou incêndio e, em seguida, descobrir que você tem de pagar a reconstrução do próprio bolso porque não fez um seguro do imóvel. Ou perder seu marido ou esposa para descobrir que a cobertura do seguro da vida caducou alguns anos antes.

Há muitas maneiras pelas quais você pode proteger diferentes bens e investimentos. Nenhuma delas é capaz de protegê-lo 100% de todas as possibilidades, tais como investimentos idiotas, torrar dinheiro em uma startup comandada por alguém que nunca teve sucesso nos negócios ou emprestar dinheiro para alguém que desaparece. Mas é importante pensar em maneiras de se proteger para evitar perdas maiores.

> Não há nada pior do que perder dinheiro simplesmente
> porque você não protegeu o que tinha.

ENTRE EM AÇÃO

Eis algumas opções essenciais de "proteção" para você considerar.

Proteja a sua hipoteca
Em muitos países, é possível fazer um seguro em seu financiamento imobiliário de modo que, se você morrer ou ficar incapacitado, o financia-

mento é quitado parcial ou totalmente. Em alguns países, isso é exigido pelo banco para lhe conceder o financiamento. No Reino Unido, esse tipo de seguro é chamado de seguro-proteção de pagamento de hipoteca. Ele tipicamente cobre os pagamentos do seu financiamento por dois anos ou o equivalente a dois terços da sua renda mensal, o que for menor. O benefício começa a ser pago um ou dois meses depois que você não possa mais trabalhar.

Coloque seu seguro de vida em um truste

Faça um seguro de vida, caso tenha dependentes ou alguém de quem gosta muito e que teria dificuldades financeiras se você morresse ou mesmo se sofresse um acidente. No Reino Unido, o prêmio do seguro pode evitar taxas de herança se o seguro de vida for feito por meio de um truste.

Hedging

Hedging é um modelo de seguro em que você tem ações, matérias-primas ou uma moeda estrangeira em particular. Você a mantém consigo porque espera que seu preço aumente ou porque precisa disso para os seus negócios.

Se você se preocupa com uma possível desvalorização, pode comprar o que chamamos de opção de venda. Este é um exemplo de derivativo, que lhe permite ganhar dinheiro quando a ação, a moeda ou outro produto se desvaloriza. Esse ganho equilibra a perda que você teria por manter esse bem patrimonial.

Seguros para empresas

Há todo tipo de planos de seguros disponíveis que podem pagar um prêmio caso você não seja mais capaz de trabalhar, administrar sua própria empresa ou então se a sua empresa estiver passando por algum tipo de dificuldade.

Depósitos com bancos protegidos

No Reino Unido, até 85 mil libras (ou 170 mil libras em contas conjuntas) mantidas em um banco ou sociedade financeira estão protegidos pelo Financial Services Compensation Scheme. Isso significa que, enquanto o seu banco for parte desse plano, você pode ter o seu saldo em conta, até o limite desses montantes, reembolsados caso o banco vá à falência. Nos

Estados Unidos, o mesmo tipo de seguro sobre montantes depositados é garantido pela Federal Deposit Insurance Corporation. Planos similares existem em outros países, como o Fundo Garantidor de Crédito (FGC), no Brasil.

98

PLANEJE-SE PARA O FIM

"Planejar sua herança é o presente mais importante que você pode dar à sua família."

De acordo com uma pesquisa realizada em 2017 no Reino Unido pelo site unbiased.co.uk, somente 40% das pessoas possuem um testamento; esse número cai para 16% no caso de pessoas que têm idade entre 18 e 34 anos; e 28% para pessoas que têm entre 35 e 54 anos. A maioria dos entrevistados alegou que faria seu testamento no futuro, quando estivesse mais velha, citando o fato de ainda possuírem poucos bens patrimoniais como principal razão para ainda não terem elaborado o seu documento.

Assim, por que planejar meticulosamente como vai criar sua riqueza se você não se importa com o que vai acontecer com ela depois de sua morte? Você tem a oportunidade de especificar quem vai recebê-la, e não somente isso, mas também minimizar o montante de impostos que devem ser pagos.

Morrer sem um testamento (também conhecido como intestado) não é um problema se você não se opuser ao fato de que a sua riqueza vai ser distribuída de acordo com a lei.

Um tribunal do Reino Unido passaria a sua riqueza para o seu cônjuge e filhos; dois terços para o marido ou esposa e o restante é dividido igualmente entre os filhos. Mas e se você não quiser dividir seu patrimônio dessa maneira? E se quiser que um dos seus filhos herde, na totalidade, a empresa que ele vem lhe ajudando a administrar, ou se você quiser deixar uma boa parte do seu patrimônio para uma instituição de caridade ou outro parente?

E que tal ajudar sua família a minimizar os impostos sobre heranças quando você morrer, conhecendo a legislação sobre herança, limites isentos de impostos e maneiras de legar sua riqueza a outras pessoas enquanto você ainda está vivo?

> Planejar com antecedência vai lhe trazer paz agora e evitar
> problemas e dificuldades para a sua família.

ENTRE EM AÇÃO

Escreva seu testamento
Tenha a certeza de estar entre os 40% da população que fizeram o esforço de escrever um testamento. Melhor ainda, mantenha-o atualizado e acrescente novos bens a ele ou escreva um novo quando for necessário. Não é preciso deixar dinheiro para alguém que morreu há vinte anos. Se você pretende criar um testamento, ele pode pode ser feito sem muitos custos ou até mesmo gratuitamente, e há muitos sites nos quais você pode se informar a respeito.

Aproveite os limites disponíveis
Use plenamente todos os limites e as regras disponíveis para ajudá-lo. Por exemplo, no Reino Unido, a legislação prevê impostos menores quando a própria residência é passada para descendentes diretos, o que significa que você pode deixar uma quantia maior da sua riqueza sem estar sujeito a um imposto tão alto sobre heranças. Converse com um especialista em tributação para se familiarizar com todos os regulamentos.

Distribua seus bens ainda em vida
No Reino Unido e também em outros países há várias maneiras de distribuir seus bens sem precisar pagar impostos quando você ainda está vivo, tais como:
- Dar até 3 mil libras por recebedor por ano (mas tenha em mente que, se você viver por menos de sete anos depois de fazer essa doação, nem todo o montante estará isento de impostos sobre heranças);
- Doar quantias ilimitadas de renda em excesso (lembre-se de que você pode precisar dos serviços de um contador para ajudá-lo a calcular qual é a sua renda em excesso).

Onde quer que você viva, uma coisa é certa: as regras e as leis são complicadas e nem um pouco intuitivas. Por isso, peça ajuda.

Compartilhe conselhos com parentes mais velhos

Por que não compartilhar as dicas deste capítulo com seus pais e avós e estimulá-los a planejar pensando no futuro, de modo que não deixem toda a sua riqueza sujeita a impostos sobre heranças?

99

PREPARE-SE PARA VIVER ALÉM DOS CEM ANOS

"Algumas pessoas falam em começar uma nova vida após os cinquenta anos. Eu acho que nós vivemos mais do que duas vidas."

A ONU estima que haverá 3,7 milhões de centenários no mundo em 2050, comparados com meio milhão atuais. Inclusive, há 20% de chance de você viver mais de cem anos, de acordo com um estudo da Agência Nacional de Estatística do Reino Unido, que também prevê que, em 2081, haverá mais de 650 mil centenários no Reino Unido, um crescimento real em relação aos 15 mil atuais. A pessoa mais velha do mundo até hoje, Jeanne Calment, morreu com 122 anos e, de acordo com os pesquisadores na Universidade de Groningen, viver além dos cem anos pode se tornar comum. Eles estimam que, em 2070, uma em cada vinte mil pessoas vai viver até depois dos 125 anos. Isso significa que é possível que você possa passar mais tempo aposentado do que passou trabalhando e estudando.

Idade de aposentadoria	Anos de vida profissional (aprox.)	Anos de vida profissional (aprox.)[1]	Anos de vida profissional (aprox.)[2]
50	30	50	70
60	40	40	60
70	50	30	50

[1] Presumindo que a morte ocorra aos 100 anos
[2] Presumindo que a morte ocorra aos 120 anos

Quantidades cada vez maiores de aposentados não estão simplesmente vivendo uma vida tranquila com os proventos da aposentadoria.

Eles estão viajando e vivendo em outras partes do mundo, adotando novos hobbies e atividades, administrando e abrindo novas empresas, trabalhando e fazendo trabalhos voluntários e beneficentes.

> Como você está se planejando financeiramente para sua vida após a aposentadoria?

ENTRE EM AÇÃO

A aposentadoria morreu; vida longa ao trabalho

O que o futuro reserva? Parece que muitos de nós vão preferir não se aposentar formalmente, mas continuar trabalhando nos empregos que já têm ou explorar novas oportunidades de carreira e negócios.

Os acadêmicos Andrew Scott e Lynda Gratton, da London Business School, calculam que, se você viver além dos cem anos e poupar 10% do seu salário todos os anos, vai precisar trabalhar até o fim da casa dos oitenta anos para conseguir viver com uma aposentadoria e poupança igual à metade do seu salário anterior. Em muitos países, os planos de aposentadoria estatais são muito baixos, o que aumenta ainda mais a necessidade de continuar trabalhando.

Assim, a menos que você tenha acumulado riqueza suficiente, provavelmente vai trabalhar até bem depois dos setenta anos. De acordo com o Departamento de Trabalho e Pensões do Reino Unido, uma em cada dez pessoas acima de setenta anos continua trabalhando para se sentir mental e fisicamente desafiada, além de fazê-lo por razões financeiras.

Viver além dos cem anos é uma dádiva e, com os avanços da medicina, você pode esperar ter boa saúde durante a maior parte da terceira idade também. Assim, continue construindo o seu portfólio de investimentos, mas talvez seja uma boa ideia torná-lo um pouco mais conservador do que ele era em sua juventude. Você pode também abrir uma empresa ou começar a trabalhar em algum emprego para não consumir suas economias.

100

TUDO VALEU A PENA?

*"Quando olho para trás, tenho poucas decepções.
Do tipo que podem ser consertadas em alguns minutos."*

Nos anos que estão por vir, do que você vai se arrepender de ter feito ou de não ter feito hoje? A enfermeira australiana Bronnie Ware entrevistou centenas de pacientes em cuidados paliativos e ouviu as mesmas coisas serem repetidas várias e várias vezes.

- Gostaria de ter tido a coragem de viver uma vida mais verdadeira para mim e não a que os outros esperavam que eu vivesse;
- Eu gostaria de não ter trabalhado tanto;
- Queria ter tido a coragem de expressar meus sentimentos;
- Eu gostaria de ter mantido contato com meus amigos;
- Queria ter me permitido ser mais feliz.

Enquanto você estiver ocupado investindo seu tempo e energia para alcançar suas metas financeiras, não se esqueça de olhar ao redor e de apreciar aquilo que tem.

> Enriquecer não é tão importante, no fim das contas. Isso é o que as pessoas que estão prestes a morrer vão lhe dizer.

ENTRE EM AÇÃO

Não perca as coisas que o dinheiro não pode comprar
Começando hoje, pare de se arrepender de coisas que aconteceram em seu passado ou que estão em seu presente. Pare de se sentir incomodado e como se tivesse um peso na consciência. Faça o que precisa fazer hoje, de modo que, quando sua hora chegar, você esteja em paz com todas as

suas escolhas e decisões. Ter e escrever um diário é uma ótima maneira de continuar em contato com suas decisões e planos, com a certeza de que arrependimentos nunca se materializem. Concentre-se particularmente nas três áreas seguintes:

1. Tempo e sonhos
Você está usando bem o seu tempo ou precisa usá-lo de um jeito diferente? Que atividades você elimina ou encontra tempo para fazer, mesmo se elas não lhe geram renda?

2. Família e relacionamentos
Com quem você quer passar mais tempo e quem precisa de uma quantidade menor do seu tempo? Como você precisa mudar a qualidade do tempo que passa com as pessoas mais próximas?

3. Desculpas e reconhecimento
Há alguém a quem você precisa pedir desculpas? Pedir perdão é uma experiência poderosa e purificadora. E, finalmente, há alguém a quem você precisa agradecer? Às vezes as pessoas mais próximas são aquelas que você deixa passar despercebidas. Ninguém pode criar uma vida maravilhosa, cheia de riquezas e felicidade, sozinho.

E FINALMENTE...

"Agora é com vocês".

Espero que as ideias, os exercícios e as sugestões neste livro inspirem você a agir e o equipem com as ferramentas para ter sucesso em sua jornada financeira.

Aproveite as cem coisas descritas aqui e expanda as ideias. Faça suas próprias descobertas, aprendizados e experimentações. Crie uma lista que funcione para você.

Eu adoraria manter contato para saber como está sendo o seu progresso para se tornar mais rico, tanto financeiramente quanto na criação de uma vida mais plena e relevante. Por favor, converse comigo pelo Facebook, LinkedIn, Twitter ou Instagram. Ou entre em contato comigo através do meu e-mail nigel@silkroadpartnership.com.

BIBLIOGRAFIA

Capítulo 3
Charles Schwab & Co., Inc., Modern Wealth Index, https://content.
schwab.com/web/retail/public/about-schwab/schwab-modern-
wealth-index-2018.pdf (acessado em maio de 2019).

Emolument.com, How much do you need to feel wealthy? https://
mailchi.mp/emolument/pressrelease-which-jobs-are-most-likely-
tocause-burn-outs-647429 (acessado em maio de 2019).

Capítulo 5
Legg Mason Global Asset Management, *Rise of the conviction investor,*
https://www.leggmason.com/content/dam/legg-mason/documents/
en/insights-and-education/brochure/global-investment-survey-
brochure.pdf (acessado em maio de 2019).

Capítulo 7
Andrew T. Jebb, Louis Tay, Ed Diener e Shigehiro Oishi, *Happiness,
income satiation and turning points around the world,* https://www.
nature.com/articles/s41562-017-0277-0 (acessado em maio de
2019).

Capítulo 9
Gallup's Annual Economy and Personal Finance survey, Dennis
Jacobe, *One in three Americans prepare a detailed household budget,*
https://news.gallup.com/poll/162872/one-three-americans-prepare-
detailed-household-budget.aspx (acessado em maio de 2019).

Office for National Statistics, *Making ends meet: are households living beyond their means?* https://www.ons.gov.uk/economy/nationalaccounts/uksectoraccounts/articlesmakingendsmeetarehouseholdslivingbeyondtheirmeans/2018-07-26 (acessado em maio de 2019).

Capítulo 10
Business Wire, *Fidelity® Survey Finds 86 Percent of Millionaires Are Self-Made*, https://www.businesswire.com/news/home/20120719005724/en/Fidelity%C2%AE-Survey-Finds-86-Percent-Millionaires-Self-Made (acessado em maio de 2019).

Dr Nolen-Hoeksema, https://www.nytimes.com/2013/01/14/us/susan-nolen-hoeksema-psychologist-who-studied-depression-in-women-dies-at-53.html. Vários estudos, incluindo: https://www.ncbi.nlm.nih.gov/pmc/articles/PMC3398979/ (acessado em maio de 2019).

Dwayne Johnson – Conta oficial no Twitter: https://twitter.com/therock/status/147016568780496897?lang=en (acessado em maio de 2019).

Capítulo 12
Catherine T. Shea, *Low on self-control? Surrounding yourself with strong-willed friends may help*, Psychological Science, https://www.psychologicalscience.org/news/releases/low-on-selfcontrol-surrounding-yourself-with-strong-willed-friends-may-help.html (acessado em maio de 2019).

Capítulo 14
Taylor Tepper/Bankrate.com, *Most Americans have inadequate savings, but they aren't sweating it*, https://www.bankrate.com/banking/savings/financial-security-june-2018/ (acessado em maio de 2019).

Emma Elsworthy, *A quarter of British adults have no savings, study reveals*, *Independent*, https://www.independent.co.uk/news/uk/home-news/british-adults-savings-none-quarter-debt-costliving-emergencies-survey-results-a8265111.html (acessado em maio de 2019).

Financial Conduct Authority, *Understanding the financial lives of UK adults: Findings from the FCA's Financial Lives*, Survey 2017, https://www.fca.org.uk/publication/research/financial-livessurvey-2017.pdf (acessado em maio de 2019).

Giovanna Sutto e Pablo Santana, InfoMoney, https://www.infomoney.com.br/economia/90-dos-brasileiros-nao-guardam-dinheiro-para-a-aposentadoria-diz-estudo/ (acessado em abril de 2021).

Capítulo 17
Miles Brignall, *Survey reveals 6m Britons fear never being debt-free with 25% struggling to make ends meet and 62% worried about personal debt levels*, https://www.theguardian.com/money/2017/oct/30/average-uk-debt-at-8000-per-person-not-including-the-mortgage (acessado em maio de 2019).

Matt Tatham/Experian Information Services, Inc., *A look at US consumer credit card debt*, https://www.experian.com/blogs/ask-experian/state-of-credit-cards/ (acessado em maio de 2019).

Naiara Bertão, Valor Investe, https://valorinveste.globo.com/objetivo/organize-as-contas/noticia/2020/10/04/quase-metade-dos-brasileiros-tem-divida-entre-r-1-mil-e-r-5-mil-e-cartao-de-credito-e-o-principal-vilao.ghtml (acessado em abril de 2021).

Capítulo 20
Dalton Conley, https://www.neatorama.com/2008/09/05/rich-people-work-longer-hours-thanpoor-people-do/ e https://www.nytimes.com/2008/09/02/opinion/02conley.html (acessado em maio de 2019).

Daniel Kahneman e Angus Deaton, *High income improves evaluation of life but not emotional well-being*, https://www.princeton.edu/~deaton/downloads/deaton_kahneman_high_income_improves_evaluation_August2010.pdf (acessado em maio de 2019).

Mihaly Csikszentmihalyi, vide https://en.wikipedia.org/wiki/Mihaly_Csikszentmihalyi (acessado em maio de 2019).

Capítulo 25
Credit Suisse, Global Wealth Report 2018, https://www.credit-suisse.com/corporate/en/research/research-institute/global-wealth-report.html (acessado em maio de 2019).

The Guardian, *One in three pensioners living well below the poverty line, says report*, https://www.theguardian.com/australia-news/2016/sep/15/one-in-three-pensioners-

living-well-below-the-poverty-line-says-report (acessado em maio de 2019).
Ekaterina Bystrova, Syndicate Room/FTI Consulting, https://www.syndicateroom.com/learn/investor-tools-reports/big-investor-survey-2018 (acessado em maio de 2019).

Exame Invest, https://invest.exame.com/mf/48-dos-brasileiros-nao-controlam-o-proprio-orcamento-mostra-pesquisa (acesso em abril de 2021).

Capítulo 27
Soyoung Q. Park, Thorsten Kahnt, Azade Dogan, Sabrina Strang, Ernst Fehr e Philippe N. Tobler, *Nature Communications, A neural link between generosity and happiness*, https://www.nature.com/articles/ncomms15964 (acessado em maio de 2019).

Brent Simpson (University of South Carolina) e Robb Willer (University of California, Berkeley), *Altruism and indirect reciprocity: the interaction of person and situation in prosocial behaviour*, https://greatergood.berkeley.edu/images/uploads/Simpson-AltruismReciprocity.pdf (acessado em maio de 2019).

Capítulo 31
Thomas C. Corley, *I spent 5 years studying poor people and here are 4 destructive money habits they had*, http://richhabits.net/i-spent-5-years-studying-poor-people-and-here-are-4-destructive-money-habits-they-had/ (acessado em maio de 2019).

Capítulo 33
Eugene O'Kelly (Afterword by Corinne O'Kelly), *Customers who Viewed Chasing Daylight: How My Forthcoming Death Transformed My Life (first edition)*, USA: McGraw-Hill Education (15 October 2007).

Capítulo 39
Chris Taylor, Reuters, *70% of rich families lose their wealth by the second generation*, http://money.com/money/3925308/rich-families-lose-wealth/ (acessado em maio de 2019).

US Trust Insights on Wealth and Worth (2015), https://newsroom.bankofamerica.com/press-releases/global-wealth-and-investment-management/us-trust-study-high-net-worth-investors (acessado em maio de 2019).

Capítulo 42
Himalayan Database, https://www.himalayandatabase.com/ (acessado em maio de 2019).

Capítulo 43
The Luck Factor, Richard Wiseman (Miramax, 2003).

Capítulo 46
Details of study can be found at https://www.aaii.com/journal/article/trading-more-frequently-leads-to-worse-returns (acessado em maio de 2019), com citações de Brad M. Barber e Terrance Odean, *'Trading is hazardous to your wealth: the common stock investment performance of individual investors'*, The Journal of Finance, Volume LV, Number 2, abril de 2000. © John Wiley & Sons.

Capítulo 48
Amy J. C. Cuddy, S. Jack Schultz, Nathan E. Fosse, P-*Curving a more comprehensive body of research on postural feedback reveals clear evidential value for power-posing effects: reply to Simmons and Simonsohn (2017) Psychological Science*, https://journals.sagepub.com/eprint/CzbNAn7Ch6ZZirK9yMGH/full
Michael W. Kraus and Dacher Keltner, Rich man, poor man: study shows body language can indicate socioeconomic status, https://www.psychologicalscience.org/news/releases/rich-manpoor-man-study-shows-body-language-can-indicate-socioeconomic-status.html (acessado em maio de 2019).

Spencer D. Kelly, Sarah Ward, Peter Creigh and James Bartolotti, *An intentional stance modulates the integration of gesture and speech during comprehension, Brain and Language*, http://www.colgate.edu/portaldata/imagegallery/faculty/90382552/imagegallery/faculty/Kelly,%20Creigh%20and%20Bartolotti%202007.pdf (acessado em maio de 2019).

Janine Willis e Alexander Todorov, *First impressions: making up your mind after a 100-ms exposure to a face*, https://www.princeton.edu/news/2006/08/22/snap-judgments-decide-facescharacter-psychologist-finds (acessado em maio de 2019).

G.L. Stewart, S.L. Dustin, M.R. Barrick e T.C. Darnold, *Exploring the handshake in employment interviews*, Journal of Applied Psychology (September 2008), https://www.ncbi.nlm.nih.gov/pubmed/18808231 (acessado em maio de 2019).

Careerbuilder.com (2010) http://www.careerbuilder.com/share/aboutus/ pressreleasesdetail.aspx?sd=7%2F29%2F2010&id=pr581&ed=12%2F31%2F2010 (acessado em maio de 2019).

Capítulo 52
Jonah Berger (University of Pennsylvania), *Contagious: Why Things Catch* (Simon & Schuster, 2013).

Capítulo 53
The Economist, How the 0.001% invest, (15 December 2018), https://www.economist.com/leaders/2018/12/15/how-the-0001-invest (acessado em maio de 2019).

Capítulo 56
Bill Gates interview with Time (2017), http://time.com/4786837/bill-gates-books-reading/ (acessado em Maio de 2019).

Richard Branson blog (15 December 2017), https://www.virgin.com/richard-branson/readlead-0 (acessado em Maio de 2019).

Pew Research Center, *The rising cost of not going to college*, https://www.pewsocialtrends.org/2014/02/11/the-rising-cost-of-not-going-to-college/ (acessado em Maio de 2019).

Department of Education, UK, Graduate labour market statistics (2016), https://assets.publishing.service.gov.uk/government/uploads/system/uploads/attachment_data/file/610805/GLMS_2016_v2.pdf (acessado em Maio de 2019).

Carolina Riveira, Exame, https://exame.com/brasil/no-brasil-faculdade-dobra-salario-por-que-isso-e-ruim/ (acessado em abril de 2021).

Capítulo 60
Accenture (2015), https://newsroom.accenture.com/industries/global-media-industry-analystrelations/accenture-research-finds-listening-more-difficult-in-todays-digital-workplace.htm (acessado em maio de 2019).

Ralph G. Nichols (University of Minnesota) and Leonard A. Stevens, *Listening to people, Harvard Business Review*, https://hbr.org/1957/09/listening-to-people (acessado em maio de 2019).

Capítulo 61

Jeremy Kahn and Martijn Van Der Starre, *Google lowered 2015 taxes by $3.6 billion using 'Dutch Sandwich'*, Bloomberg, https://www.bloomberg.com/news/articles/2016-12-21/googlelowered-2015-taxes-by-3-6-billion-using-dutch-sandwich (acessado em maio de 2019).

Capítulo 62

United States Census Bureau, *Income and Poverty in the United States: 2017*, https://www.census.gov/library/publications/2018/demo/p60-263.html (acessado em maio de 2019).

Capítulo 63

Entrevista com Bill Gates no David Rubenstein Show: Bill Gates (17 October 2016), https://www.bloomberg.com/news/videos/2016-10-17/the-david-rubenstein-show-bill-gates. Citado online em: https://www.businessinsider.com/bill-gates-splurge-porsche-911-microsoft-money-2016-10?r=US&IR=T (acessado em maio de 2019).

Warrant Buffett quote, https://www.goodreads.com/quotes/7374480-if-you-buy-things-youdo-not-need-soon-you (acessado em maio de 2019).

Capítulo 65

Barbara L Fredrickson, *The broaden–and–build theory of positive emotions*, The Royal Society (September 2019), https://www.ncbi.nlm.nih.gov/pmc/articles/PMC1693418/ (acessado em maio de 2019).

Martin E. Seligman e Peter Schulman, *Explanatory style as a predictor of productivity and quitting among life insurance sales agents*, Journal of Personality and Social Psychology (abril de 1986), https://www.researchgate.net/publication/232497771_Explanatory_Style_as_a_Predictor_of_Productivity_and_Quitting_Among_Life_Insurance_Sales_Agents (acessado em maio de 2019).

Gabrielle Oettingen citando https://www.cnbc.com/2017/10/05/why-should-you-be-highly-optimistic-if-you-want-to-be-successful.html (acessado em maio de 2019).

Capítulo 66

Benjamin Graham, *The Intelligent Investor: The Definitive Book on Value Investing* (Collins Business Essentials, 2006).

Julian Wadley, *The improvements that add value to your house* (July 2017), https://blog.zopa.com/2017/07/18/improvements-that-add-value-to-your-house/ (acessado em maio de 2019).

Capítulo 67

MBO Partners, *State of Independence*, https://www.mbopartners.com/wp-content/uploads/2019/02/State_of_Independence_2018.pdf (acessado em: maio de 2019).

Maximilian Yoshioka, *How entrepreneurial was the UK in 2015?*, Centre for Entrepreneurs (janeiro de 2016), https://centreforentrepreneurs.org/how-entrepreneurial-was-the-uk-in-2015/ (acessado em maio de 2019).

Department for Business, *Energy and Industrial Strategy. Business population estimates for the UK and regions 2018* (October 2018), https://assets.publishing.service.gov.uk/government/uploads/system/uploads/attachment_data/file/746599/OFFICIAL_SENSITIVE_-_BPE_2018_-_statistical_release_FINAL_FINAL.pdf (acessado em maio de 2019).

Kristin Pryor, *Here are the startup failure rates by industry*, https://tech.co/news/startup-failurerates-industry-2016-01 (acessado em maio de 2019).

Capítulo 68

Estatísticas sobre a Internet, disponíveis em https://www.internetworldstats.com/stats.htm (os números mudam em tempo real) (acessado em maio de 2019).

Simon Kemp, *Digital in 2018: world's internet users pass the 4 billion mark*, https://wearesocial.com/blog/2018/01/global-digital-report-2018 (acessado em maio de 2019).

Capítulo 71

Amy Guttman, *A successful VC and founder says intuition is everything, Forbes*, https://www.forbes.com/sites/amyguttman/2015/09/28/a-successful-vc-and-founder-says-intuition-iseverything/ (acessado em maio de 2019).

Capítulo 72

Brad M. Barber (University of California, Davis) e Terrance Odean (University of California, Berkeley - Haas School of Business), *The behavior of individual investors* (7 September 2011), https://papers.ssrn.com/sol3/papers.cfm?abstract_id=1872211 (acessado em maio de 2019).

Capítulo 74

Ho Law, Sara Ireland and Zulfi Hussain, *The Psychology of Coaching, Mentoring and Learning (first edition)* (Wiley, 2007).

Credit Suisse, *Global Wealth Report 2018*, https://www.credit-suisse.com/corporate/en/research/research-institute/global-wealth-report.html (acessado em maio de 2019).

Capítulo 75

Russel Kinnel, *Mind the gap: why investors lag funds, Morningstar* (February 2013), https://www.morningstar.com/articles/582626/mind-the-gap-why-investors-lag-funds.html (acessado em maio de 2019).
John Authers, *Investor returns are all about the timing, Financial Times*, https://www.ft.com/content/338eea6c-e8db-11e4-b7e8-00144feab7de (maio de 2019).

Fund managers rarely outperform the market for long, The Economist, https://www.economist.com/finance-and-economics/2017/06/24/fund-managers-rarely-outperform-the-market-forlong (acessado em maio de 2019).

Capítulo 76

7 bad habits truly wealthy people never have, https://www.inc.com/quora/7-bad-habits-trulywealthy-people-never-have.html (acessado em maio de 2019).

*Statista data: (*US) https://www.statista.com/statistics/186833/average-television-use-perperson-in-the-us-since-2002/; (UK) https://www.statista.com/statistics/528255/uk-surveyhours-spent-watching-tv-weekly/ (acessado em maio de 2019).

T.S. Conner, K.L. Brookie, A.C. Richardson e M.A. Polak, *On carrots and curiosity: eating fruit and vegetables is associat*ed with greater flourishing in daily life, British Journal of Health Psychology (maio de 2015), https://www.ncbi.nlm.nih.gov/pubmed/25080035 (acessado em maio de 2019).

Candice L. Hogan, Jutta Mata e Laura L. Carstensen, *Exercise holds immediate benefits for affect and cognition in younger and older adults*, Psychology and Aging (junho de 2013) https://www.ncbi.nlm.nih.gov/pmc/articles/PMC3768113/ (acessado em maio de 2019).

Capítulo 77

L. Ganzini, B.H. McFarland e D. Cutler, *Prevalence of mental disorders after catastrophic financial loss*, Journal of Nervous and Mental Disease (November 1990), https://www.ncbi.nlm.nih.gov/pubmed/2230754 (acessado em maio de 2019).

Melissa McInerney, Jennifer M. Mellor e Lauren Hersch Nicholas, *Recession depression: mental health effects of the 2008 stock market crash*, Journal of Health Economics (dezembro de 2013) https://www.ncbi.nlm.nih.gov/pmc/articles/PMC3874451/ (acessado em maio de de 2019).

Capítulo 79
Syndicate Room, *The big investor survey 2018*, https://www.syndicateroom.com/learn/investortools-reports/big-investor-survey-2018 (acessado em maio de 2019) Asset Allocation Survey, https://www.aaii.com/assetallocationsurvey (Os números mudam em tempo real nas pesquisas deste site).

Capítulo 80
Daniel C. Molden e Chin Ming Hui (Northwestern University), *Promoting de-escalation of commitment: a regulatory-focus perspective on sunk costs (2011)*, https://www.psychology.northwestern.edu/documents/faculty-publications/molden-%20hui_2011.pdf (acessado em maio de 2019).

Capítulo 81
Morgan Stanley, *84% of Millennial investors interested in sustainable investing*, https://sustaincase.com/morgan-stanley-84-of-millennial-investors-interested-in-sustainable-investing/ (acessado em maio de 2019).

UBS Investor Watch, *Global insights: What's on investors' minds? Volume 2 (2018)*, https://www.ubs.com/content/dam/ubs/microsites/ubs-investor-watch/IW-09-2018/return-on-valueglobal-report-final.pdf (acessado em maio de 2019).

Schroders Institutional, Investor Study 2018, Institutional perspectives on sustainable investing, https://www.schroders.com/en/sysglobalassets/schroders_institutional_investor_study_sustainability_report_2018.pdf (acessado em maio de 2019).

Mark Haefele, *Sustainable investing can propel long-term returns (September 2018)*, https://www.ft.com/content/292ecaa7-294c-3a4b-bde6-a7a744cb85a9 (acessado em maio de 2019).

Sarah Moore, *Fit for the future: how ethical investing went mainstream, Money Week*

(15 de fevereiro de 2018), https://moneyweek.com/481615/sri-esg-how-ethical-and-sustainable-investing-went-mainstream/ (acessado em: maio de 2019.

Capítulo 82

Pierre Azoulay (MIT and NBER), Benjamin F. Jones (Northwestern University and NBER), J. Daniel Kim (MIT) and Javier Miranda (US Census Bureau), *Age and high-growth entrepreneurship* (23 de março de 2018), https://www.kellogg.northwestern.edu/faculty/jones-ben/htm/Age%20and%20High%20Growth%20Entrepreneurship.pdf (acessado em maio de 2019).

Capítulo 83

Social Media Newsroom, *6 million UK households could not survive until the weekend on savings according to First Direct* (9 de janeiro de 2012), https://www.newsroom.firstdirect.com/press/release/6_million_uk_households_could (acessado em: maio de 2019).

Capítulo 85

Marc Alpert e Howard Raiffa (1982) *A progress report on the training of probability assessors*. In Daniel Kahneman, Paul Slovic, Amos Tversky Judgment Under Uncertainty: Heuristics and Biases (Cambridge University Press, 1982), https://philpapers.org/rec/ALPAPR (acessado em maio de 2019).

Stav Atir, Emily Rosenzweig e David Dunning, *When knowledge knows no bounds: self-perceived expertise predicts claims of impossible knowledge*, Psychological Science (14 de julho de 2015), https://journals.sagepub.com/doi/abs/10.1177/0956797615588195 (acessado em maio de 2019).

Brad M. Barber and Terrance Odean, *Boys will be boys: gender, overconfidence, and common stock investment*, https://faculty.haas.berkeley.edu/odean/Papers%20current%20versions/BoysWillBeBoys.pdf (acessado em maio de 2019).

Daniel Kahneman, Thinking, Fast and Slow (Farrar, Straus and Giroux, 2013).

Brad M. Barber (University of California, Davis) e Terrance Odean (University of California, Berkeley – Haas School of Business), *Trading is hazardous to your wealth: the common stock investment performance of individual investors* (12 de abril de 2000), https://papers.ssrn.com/sol3/papers.cfm?abstract_id=219228 (acessado em maio de 2019).

Alicia R. Williams e S. Kathi Brown, *2017 Retirement Confidence Survey*, AARP Research (dezembro de 2017), https://www.aarp.org/content/dam/aarp/research/surveys_statistics/econ/2017/2017-retirement-confidence.doi.10.26419%252Fres.00174.001.pdf (acessado em maio de 2019).

James Montier, Behaving badly, Global Equity Strategy, DrKW Macro research (February 2006), https://www.kellogg.northwestern.edu/faculty/weber/decs-452/behaving_badly.pdf (acessado em maio de 2019).

Capítulo 87
Adam Bryant, The Corner Office: *Indispensable and Unexpected Lessons from CEOs on How to Lead and Succeed (first edition)*, (Times Books, 2011).

Francesca Gino, *The business case for curiosity, Harvard Business Review*, https://hbr.org/2018/09/curiosity (acessado em maio de 2019).

Paul Carrick Brunson, *I've worked for two billionaires. Here's what I learned from them* (18 de março de 2016), https://www.linkedin.com/pulse/ive-worked-two-billionaires-heres-what-ilearned-from-brunson/ (acessado em maio de 2019).

Legg Mason Global Asset Management, *Legg Mason Global Investment Survey (2018)*, https://www.leggmason.com/content/dam/legg-mason/documents/en/insights-and-education/brochure/global-investment-survey-brochure.pdf (acessado em maio de 2019).

Jamie Ballard, *79% of Americans are familiar with at least one kind of cryptocurrency, YouGov* (setembro de 2018), https://today.yougov.com/topics/technology/articles-reports/2018/09/06/cryptocurrency-bitcoin-popular-americans (acessado em Maio de 2019).

Capítulo 89
Roger Fisher, William L. Ury e Bruce Patton, *Getting to Yes: Negotiating Agreement Without Giving In* (Penguin Books, 1991).

Capítulo 90
TalentSmart, *Emotional Intelligence Can Boost Your Career And Save Your Life*, https://www.talentsmart.com/articles/Emotional-Intelligence-Can-Boost-Your-Career-And-Save-Your-Life-915340665-p-1.html (acessado em maio de 2019).

Gregory J. Feist (San Jose State University) e Frank X Barron, *Predicting creativity from early to late adulthood: Intellect, potential, and personality*, Journal of Research in Personality 37(2):62–88 (abril de 2003), https://www.researchgate.net/publication/222085214_Predicting_creativity_from_early_to_late_adulthood_Intellect_potential_and_personality (acessado em maio de 2019).

Joseph C. Rode (Miami University), Marne L. Arthaud-Day (Kansas State University), Aarti Ramaswami (École Supérieure des Sciences Economiques et Commerciales) e Satoris Howes, *A time-lagged study of emotional intelligence and salary, Journal of Vocational Behavior 101* (maio de 2017), https://www.researchgate.net/publication/316816644_A_time-lagged_study_of_emotional_intelligence_and_salary (acessado em maio de 2019).

Capítulo 91
S. McMains e S. Kastner, *Interactions of top-down and bottom-up mechanisms in human visual cortex*, Journal of Neuroscience (janeiro de 2011), https://www.ncbi.nlm.nih.gov/pubmed/21228167 (acessado em Maio de 2019).

Capítulo 96
Oscar Jord, Katharina Knoll, Dmitry Kuvshinov, Moritz Schularick e Alan M. Taylor *The Rate of Return on Everything*, 1870–2015 (março de 2019), https://economics.harvard.edu/files/economics/files/ms28533.pdf (acessado em maio de 2019).

The Schwab Center for Financial Research, http://retirementdesk.com/wp-content/uploads/schwab-charts-through-06302011.pdf (acessado em maio de 2019).

Capítulo 98
31 million UK adults at risk of dying without a will, unbiased (2 de outubro de 2017) https://business.unbiased.co.uk/press-releases/31-million-uk-adults-at-risk-of-dying-without-awill-2-10-2017 (acessado em maio de 2019).

Capítulo 99
Renee Stepler, *World's centenarian population projected to grow eightfold by 2050, Pew Research Center*, https://www.pewresearch.org/fact-tank/2016/04/21/worlds-centenarianpopulation-projected-to-grow-eightfold-by-2050/ (acessado em maio de 2019).

Office for National Statistics, *What are your chances of living to 100?* (14 de janeiro de 2016) https://www.ons.gov.uk/peoplepopulationandcommunity/birthsdeathsandmarriages/lifeexpectancies/articles/whatareyourchancesoflivingto100/2016-01-14 (acessado em maio de 2019).

Joop de Beer, Anastasios Bardoutsos e Fanny Janssen, *Maximum human lifespan may increase to 125 years*, Nature, 546: E16–E17 (29 de junho de 2017) https://www.nature.com/articles/nature22792?draft=collection&platform=oscar (acessado em maio de 2019).

Capítulo 100
Bronnie Ware, *The Top Five Regrets of the Dying: A Life Transformed by the Dearly Departing* (Hay House, 2012).

Primeira edição (agosto/2021) • Primeira reimpressão
Papel de miolo Pólen Soft 70g
Tipografias New Aster LT Std, Nexa Light e Chaparral Pro
Gráfica Lis